TRANZLATY

La lingua è per tutti
言語はすべての人のためのもの

Il richiamo della foresta

野生の呼び声

Jack London
ジャック・ロンドン

Italiano / 日本語

Copyright © 2025 Tranzlaty
All rights reserved
Published by Tranzlaty
ISBN: 978-1-80572-897-9
Original text by Jack London
The Call of the Wild
First published in 1903
www.tranzlaty.com

Nel primitivo
原始の世界へ

Buck non leggeva i giornali.
バックは新聞を読まなかった。
Se avesse letto i giornali avrebbe saputo che i guai si stavano avvicinando.
もし彼が新聞を読んでいたら、問題が起こりつつあることを知っていただろう。
Non erano guai solo per lui, ma per tutti i cani da caccia.
問題は彼自身だけではなく、すべての海水犬に起こった。
Ogni cane con muscoli forti e pelo lungo e caldo sarebbe stato nei guai.
筋肉が強く、暖かくて長い毛を持つ犬は皆、困ったことになるだろう。
Da Puget Bay a San Diego nessun cane poteva sfuggire a ciò che stava per accadere.
ピュージェット湾からサンディエゴまで、どんな犬もこれから起こることを逃れることはできない。
Gli uomini, brancolando nell'oscurità artica, avevano trovato un metallo giallo.
男たちは北極の暗闇の中を手探りで探し、黄色い金属を発見した。
Le compagnie di navigazione a vapore e di trasporto erano alla ricerca della scoperta.
蒸気船会社と運送会社がこの発見を追いかけていた。
Migliaia di uomini si riversarono nel Nord.
何千人もの男たちが北の地へ押し寄せていた。
Questi uomini volevano dei cani, e i cani che volevano erano cani pesanti.
この男たちは犬を欲しがっていたが、彼らが欲しかった犬は大型犬だった。
Cani dotati di muscoli forti per lavorare duro.
労働に耐えられる強い筋肉を持つ犬。
Cani con il pelo folto che li protegge dal gelo.

霜から身を守るために毛皮で覆われた犬。

Buck viveva in una grande casa nella soleggiata Santa Clara Valley.
バックは太陽が降り注ぐサンタクララバレーの大きな家に住んでいました。
La casa del giudice Miller era chiamata così.
ミラー判事の所、彼の家と呼ばれていました。
La sua casa era nascosta tra gli alberi, lontana dalla strada.
彼の家は道路から少し離れたところに建っていて、木々の間に半分隠れていた。
Si poteva intravedere l'ampia veranda che circondava la casa.
家の周囲を巡る広いベランダを垣間見ることができました。
Si accedeva alla casa tramite vialetti ghiaiosi.
家へは砂利敷きの私道を通って行くことができました。
I sentieri si snodavano attraverso ampi prati.
小道は広々とした芝生の間を曲がりくねって通っていた。
In alto si intrecciavano i rami degli alti pioppi.
頭上には背の高いポプラの枝が絡み合っていた。
Nella parte posteriore della casa le cose erano ancora più spaziose.
家の裏側はさらに広々としていました。
C'erano grandi scuderie, dove una dozzina di stallieri chiacchieravano
大きな厩舎があり、そこでは12人の厩務員が雑談していた
C'erano file di cottage per i servi ricoperti di vite
ブドウの木に覆われた使用人の小屋が並んでいた
E c'era una serie infinita e ordinata di latrine
そして、そこには整然と並んだ屋外トイレが無数にありました
Lunghi pergolati d'uva, pascoli verdi, frutteti e campi di bacche.
長いブドウ棚、緑の牧草地、果樹園、ベリー畑。

Poi c'era l'impianto di pompaggio per il pozzo artesiano.
それから自噴井戸用のポンプ場もありました。
E c'era la grande cisterna di cemento piena d'acqua.
そしてそこには水が満たされた大きなセメントタンクがありました。
Qui i ragazzi del giudice Miller hanno fatto il loro tuffo mattutino.
ここでミラー判事の息子たちが朝のひとときを過ごしました。
E lì si rinfrescavano anche nel caldo pomeriggio.
そして暑い午後もそこで涼しく過ごしました。
E su questo grande dominio, Buck era colui che lo governava tutto.
そして、この広大な領土のすべてを支配していたのはバックでした。
Buck nacque su questa terra e visse qui tutti i suoi quattro anni.
バックはこの土地で生まれ、4年間をここで暮らしました。
C'erano effettivamente altri cani, ma non avevano molta importanza.
確かに他の犬もいたが、それらは本当に問題ではなかった。
In un posto vasto come questo ci si aspettava la presenza di altri cani.
これほど広大な場所には、他の犬もいるはずだ。
Questi cani andavano e venivano oppure vivevano nei canili affollati.
これらの犬たちは出入りしたり、忙しい犬舎の中で暮らしたりしていました。
Alcuni cani vivevano nascosti in casa, come Toots e Ysabel.
トゥーツやイザベルのように、家の中に隠れて暮らす犬もいました。
Toots era un carlino giapponese, Ysabel una cagnolina messicana senza pelo.

トゥーツは日本のパグで、イザベルはメキシコの無毛犬でした。
Queste strane creature raramente uscivano di casa.
これらの奇妙な生き物たちはめったに家の外に出ませんでした。
Non toccarono terra né annusarono l'aria esterna.
彼らは地面に触れることも、外の空気を嗅ぐこともしませんでした。
C'erano anche i fox terrier, almeno una ventina.
フォックステリアも少なくとも20匹はいました。
Questi terrier abbaiavano ferocemente a Toots e Ysabel in casa.
このテリア犬たちは家の中でトゥーツとイザベルに向かって激しく吠えました。
Toots e Ysabel rimasero dietro le finestre, al sicuro da ogni pericolo.
トゥーツとイザベルは窓の後ろに留まり、危害を受けないようにしました。
Erano sorvegliati da domestiche armate di scope e stracci.
彼らはほうきとモップを持ったメイドたちによって守られていました。
Ma Buck non era un cane da casa e nemmeno da canile.
しかし、バックは家犬ではなかったし、犬小屋犬でもなかった。
L'intera proprietà apparteneva a Buck come suo legittimo regno.
その全財産はバックの正当な領土であった。
Buck nuotava nella vasca o andava a caccia con i figli del giudice.
バックは水槽で泳いだり、判事の息子たちと一緒に狩りに出かけたりしました。
Camminava con Mollie e Alice nelle prime ore del mattino o tardi.
彼は早朝や深夜にモリーとアリスと一緒に散歩した。
Nelle notti fredde si sdraiava davanti al fuoco della biblioteca insieme al giudice.

寒い夜には、彼は判事とともに図書館の暖炉の前に横たわった。

Buck accompagnava i nipoti del giudice sulla sua robusta schiena.
バックは力強い背中に乗って判事の孫たちを乗せて行きました。

Si rotolava nell'erba insieme ai ragazzi, sorvegliandoli da vicino.
彼は少年たちと一緒に草むらで転がり、彼らをしっかりと見守った。

Si avventurarono fino alla fontana e addirittura oltre i campi di bacche.
彼らは噴水まで足を延ばし、ベリー畑を通り過ぎました。

Tra i fox terrier, Buck camminava sempre con orgoglio regale.
フォックステリアたちの間で、バックは常に王者の誇りを持って歩き回っていました。

Ignorò Toots e Ysabel, trattandoli come se fossero aria.
彼はトゥーツとイザベルを無視し、彼らを空気のように扱いました。

Buck governava tutte le creature viventi sulla terra del giudice Miller.
バックはミラー判事の土地のすべての生き物を支配した。

Dominava gli animali, gli insetti, gli uccelli e perfino gli esseri umani.
彼は動物、昆虫、鳥、そして人間さえも支配しました。

Il padre di Buck, Elmo, era un enorme e fedele San Bernardo.
バックの父親エルモは、大きくて忠実なセントバーナード犬でした。

Elmo non si allontanò mai dal Giudice e lo servì fedelmente.
エルモは裁判官の側を決して離れず、忠実に裁判官に仕えました。

Buck sembrava pronto a seguire il nobile esempio del padre.

バックは父親の高潔な例に従うつもりのようだった。
Buck non era altrettanto grande: pesava sessanta chili.
バックはそれほど大きくなく、体重は140ポンドでした。

Sua madre, Shep, era una splendida cagnolina da pastore scozzese.
彼の母親のシェップは立派なスコッチ・シェパード・ドッグだった。

Ma nonostante il suo peso, Buck camminava con una presenza regale.
しかし、その体重であっても、バックは堂々とした存在感をもって歩いていた。

Ciò derivava dal buon cibo e dal rispetto che riceveva sempre.
これはおいしい食事と彼がいつも受けてきた尊敬から生まれたものでした。

Per quattro anni Buck aveva vissuto come un nobile viziato.
バックは4年間、甘やかされた貴族のような暮らしをしていた。

Era orgoglioso di sé stesso e perfino un po' egocentrico.
彼は自分に誇りを持っており、少々自己中心的でさえあった。

Quel tipo di orgoglio era comune tra i signori delle campagne remote.
そのような誇りは、辺鄙な田舎の領主の間では一般的でした。

Ma Buck si salvò dal diventare un cane domestico viziato.
しかし、バックは甘やかされた飼い犬になることを免れた。

Rimase snello e forte grazie alla caccia e all'esercizio fisico.
彼は狩猟と運動を通じて引き締まった体型と強靭な体型を保っていた。

Amava profondamente l'acqua, come chi si bagna nei laghi freddi.
彼は、冷たい湖で水浴びをする人々のように、水を深く愛していました。

Questo amore per l'acqua mantenne Buck forte e molto sano.
水に対するこの愛情のおかげで、バックは強く、非常に健康でした。
Questo era il cane che Buck era diventato nell'autunno del 1897.
これは、1897 年の秋にバックが変身した犬です。
Quando lo sciopero del Klondike spinse gli uomini verso il gelido Nord.
クロンダイクの襲撃により、人々は凍てつく北の地へと引き寄せられた。
Da ogni parte del mondo la gente accorse in massa verso la fredda terra.
人々は世界中から寒い土地へと押し寄せました。
Buck, tuttavia, non leggeva i giornali e non capiva le notizie.
しかし、バックは新聞を読まなかったし、ニュースも理解していなかった。
Non sapeva che Manuel fosse una persona cattiva con cui stare.
彼はマヌエルが一緒にいて悪い男だとは知らなかった。
Manuel, che aiutava in giardino, aveva un grosso problema.
庭仕事を手伝っていたマヌエルは深刻な問題を抱えていた。
Manuel era dipendente dal gioco d'azzardo alla lotteria cinese.
マヌエルは中国の宝くじギャンブルに夢中だった。
Credeva fermamente anche in un sistema fisso per vincere.
彼はまた、勝利のための固定されたシステムを強く信じていた。
Questa convinzione rese il suo fallimento certo e inevitabile.
その信念により、彼の失敗は確実かつ避けられないものとなった。
Per giocare con un sistema erano necessari soldi, soldi che a Manuel mancavano.
システムをプレイするにはお金が必要ですが、マヌエルにはそれがありませんでした。

Il suo stipendio bastava a malapena a sostenere la moglie e i numerosi figli.
彼の給料は妻と多くの子供たちを養うのにやっとのことでした。
La notte in cui Manuel tradì Buck, tutto era normale.
マヌエルがバックを裏切った夜、物事は普通だった。
Il giudice si trovava a una riunione dell'Associazione dei coltivatori di uva passa.
裁判官はレーズン栽培者協会の会合に出席していた。
A quel tempo i figli del giudice erano impegnati a fondare un club sportivo.
当時、判事の息子たちは運動クラブの設立に忙しかった。
Nessuno vide Manuel e Buck uscire dal frutteto.
マヌエルとバックが果樹園を通って去っていくのを見た人は誰もいなかった。
Buck pensava che questa fosse solo una semplice passeggiata notturna.
バックはこの散歩は単なる夜間の散歩だと思っていた。
Incontrarono un solo uomo alla stazione della bandiera, a College Park.
彼らはカレッジパークのフラッグステーションでたった一人の男に出会った。
Quell'uomo parlò con Manuel e si scambiarono i soldi.
その男はマヌエルに話しかけ、二人はお金を交換した。
"Imballa la merce prima di consegnarla", suggerì.
「商品を配達する前に包んでください」と彼は提案した。
La voce dell'uomo era roca e impaziente mentre parlava.
その男は話すとき、荒々しく、いらだたしい声だった。
Manuel legò con cura una corda spessa attorno al collo di Buck.
マヌエルはバックの首に太いロープを慎重に巻き付けた。
"Se giri la corda, lo strangolerai di brutto"
「ロープをねじれば、十分に絞められる」

Lo straniero emise un grugnito, dimostrando di aver capito bene.
その見知らぬ男はうなり声をあげ、よく理解したことを示した。
Quel giorno Buck accettò la corda con calma e silenziosa dignità.
その日、バックは落ち着いて静かに威厳をもってロープを受け取った。
Era un atto insolito, ma Buck si fidava degli uomini che conosceva.
それは珍しい行為だったが、バックは自分が知っている男たちを信頼していた。
Credeva che la loro saggezza andasse ben oltre il suo pensiero.
彼らの知恵は彼自身の考えをはるかに超えていると彼は信じていた。
Ma poi la corda venne consegnata nelle mani dello straniero.
しかし、その後、ロープは見知らぬ人の手に渡されました。
Buck emise un ringhio basso che suonava come un avvertimento e una minaccia silenziosa.
バックは静かな威嚇で警告する低い唸り声を上げた。
Era orgoglioso e autoritario e intendeva mostrare il suo disappunto.
彼は傲慢で命令口調で、不快感を示したかったのだ。
Buck credeva che il suo avvertimento sarebbe stato interpretato come un ordine.
バックは彼の警告が命令として理解されるだろうと信じていた。
Con suo grande stupore, la corda si strinse rapidamente attorno al suo grosso collo.
驚いたことに、ロープが彼の太い首に急にきつく締まりました。
Gli mancò l'aria e cominciò a lottare in preda a una rabbia improvvisa.
彼の呼吸は止められ、突然の激怒で彼は戦い始めた。

Si lanciò verso l'uomo, che si lanciò rapidamente contro Buck a mezz'aria.
バックは男に向かって飛びかかったが、男はすぐに空中でバックと出会った。
L'uomo afferrò Buck per la gola e lo fece ruotare abilmente in aria.
男はバックの喉を掴み、巧みに空中でひねり上げた。
Buck venne scaraventato a terra con violenza, atterrando sulla schiena.
バックは激しく投げ出され、背中から地面に倒れた。
La corda ora lo strangolava crudelmente mentre lui scalciava selvaggiamente.
彼が激しく足を蹴る間、ロープは残酷に彼の首を締め付けた。
La sua lingua cadde fuori, il suo petto si sollevò, ma non riprese fiato.
舌は出てきて、胸は上下に動いたが、呼吸はできなかった。
Non era mai stato trattato con tanta violenza in vita sua.
彼は生涯でこれほどの暴力を受けたことはなかった。
Non era mai stato così profondamente invaso da una rabbia così profonda.
彼はこれまでこれほど激しい怒りに駆られたことはなかった。
Ma il potere di Buck svanì e i suoi occhi diventarono vitrei.
しかし、バックの力は弱まり、彼の目は生気を失った。
Svenne proprio mentre un treno veniva fermato lì vicino.
ちょうど近くで列車が止まったとき、彼は気を失った。
Poi i due uomini lo caricarono velocemente nel vagone bagagli.
それから二人の男は彼を手早く荷物車に放り込んだ。
La cosa successiva che Buck sentì fu dolore alla lingua gonfia.
次にバックが感じたのは腫れた舌の痛みだった。
Si muoveva su un carro traballante, solo vagamente cosciente.

彼はぼんやりとした意識で、揺れるカートに乗って移動していた。

Il fischio acuto di un treno rivelò a Buck la sua posizione.
鋭い汽笛の音がバックに自分の居場所を知らせた。

Aveva spesso cavalcato con il Giudice e conosceva quella sensazione.
彼は判事と一緒に何度も乗馬したことがあり、その気持ちはよく分かっていた。

Fu un'esperienza unica viaggiare di nuovo in un vagone bagagli.
それは再び荷物車で旅行するという独特の衝撃でした。

Buck aprì gli occhi e il suo sguardo ardeva di rabbia.
バックは目を開けた。そして、その視線は怒りで燃えていた。

Questa era l'ira di un re orgoglioso detronizzato.
これは王位を奪われた傲慢な王の怒りだった。

Un uomo allungò la mano per afferrarlo, ma Buck colpì per primo.
男は彼をつかもうとしたが、代わりにバックが先に攻撃した。

Affondò i denti nella mano dell'uomo e la strinse forte.
彼は男の手に歯を食い込ませ、しっかりと握りしめた。

Non mi lasciò andare finché non svenne per la seconda volta.
彼は二度目に気を失うまで手を離さなかった。

"Sì, ha degli attacchi", borbottò l'uomo al facchino.
「ああ、発作を起こすんだ」男は荷物係にぶつぶつ言った。

Il facchino aveva sentito la colluttazione e si era avvicinato.
荷物係は争っているのを聞きつけて近づいてきた。

"Lo porto a Frisco per conto del capo", spiegò l'uomo.
「ボスのために彼をフリスコに連れて行くんだ」と男は説明した。

"C'è un bravo dottore per cani che dice di poterli curare."
「そこには、彼らを治せると言っている優秀な犬の医者がいます。」

Più tardi quella notte l'uomo raccontò la sua versione completa.
その夜遅く、その男は自ら詳しく話した。
Parlava da un capannone dietro un saloon sul molo.
彼は港の酒場の裏の小屋から話した。
"Mi hanno dato solo cinquanta dollari", si lamentò con il gestore del saloon.
「私に渡されたのはたった50ドルだけだった」と彼は酒場の主人に不満を漏らした。
"Non lo rifarei, nemmeno per mille dollari in contanti."
「たとえ1000ドルの現金をもらっても、二度とそんなことはしません。」
La sua mano destra era strettamente avvolta in un panno insanguinato.
彼の右手は血まみれの布でしっかりと巻かれていた。
La gamba dei suoi pantaloni era completamente strappata dal ginocchio al piede.
彼のズボンの脚は膝から足まで大きく引き裂かれていた。
"Quanto è stato pagato l'altro tizio?" chiese il gestore del saloon.
「もう一人の馬鹿はいくらもらったんだ?」酒場の主人が尋ねた。
«Cento», rispose l'uomo, «non ne accetterebbe uno in meno».
「100ドルです」と男は答えた。「それ以下では一銭も受け取りません」
"Questo fa centocinquanta", disse il gestore del saloon.
「合計150になります」と酒場の主人は言った。
"E lui li merita tutti, altrimenti non sono meglio di uno stupido."
「そして彼はその全てに値する。そうでなければ私はただの愚か者だ。」
L'uomo aprì gli involucri per esaminarsi la mano.
男は自分の手を調べるために包みを開けた。
La mano era gravemente graffiata e ricoperta di croste di sangue secco.

その手はひどく裂けており、乾いた血で固まっていた。
"Se non mi viene l'idrofobia..." cominciò a dire.
「恐水症にならなければ…」と彼は言い始めた。
"Sarà perché sei nato per impiccarti", giunse una risata.
「それはあなたがぶら下がるために生まれてきたからでしょう」と笑い声が聞こえた。
"Aiutami prima di partire", gli chiesero.
「出発する前に手伝ってくれないか」と彼は頼まれた。
Buck era stordito dal dolore alla lingua e alla gola.
バックは舌と喉の痛みでぼうっとしていた。
Era mezzo strangolato e riusciva a malapena a stare in piedi.
彼は半分絞め殺され、ほとんどまっすぐに立つこともできなかった。
Ciononostante, Buck cercò di affrontare gli uomini che lo avevano ferito così duramente.
それでも、バックは自分をここまで傷つけた男たちと向き合おうとした。
Ma lo gettarono a terra e lo strangolarono ancora una volta.
しかし彼らは再び彼を投げ倒し、首を絞めました。
Solo allora riuscirono a segargli il pesante collare di ottone.
そうして初めて、彼らは彼の重い真鍮の首輪を切り落とすことができた。
Tolsero la corda e lo spinsero in una cassa.
彼らはロープを外して彼を木箱に押し込んだ。
La cassa era piccola e aveva la forma di una gabbia di ferro grezza.
その木箱は小さくて、粗雑な鉄の檻のような形をしていた。
Buck rimase lì per tutta la notte, pieno di rabbia e di orgoglio ferito.
バックは怒りと傷ついたプライドに満たされ、一晩中そこに横たわっていた。
Non riusciva nemmeno a capire cosa gli stesse succedendo.
彼は自分に何が起こっているのか全く理解できなかった。

Perché quegli strani uomini lo tenevano in quella piccola cassa?
なぜこの見知らぬ男たちは彼をこの小さな木箱の中に閉じ込めていたのでしょうか?
Cosa volevano da lui e perché questa crudele prigionia?
彼らは彼に何を望んでいたのか、そしてなぜこのような残酷な監禁をしていたのか?
Sentì una pressione oscura e la sensazione che il disastro si avvicinasse.
彼は暗いプレッシャーを感じ、災難が近づいていると感じた。
Era una paura vaga, ma si impadronì pesantemente del suo spirito.
それは漠然とした恐怖だったが、彼の心に重くのしかかった。
Diverse volte sobbalzò quando la porta del capanno sbatteva.
小屋のドアがガタガタと音を立てると、彼は何度か飛び上がった。
Si aspettava che il giudice o i ragazzi apparissero e lo salvassero.
彼は裁判官か少年たちが現れて彼を救ってくれることを期待していた。
Ma ogni volta solo la faccia grassa del gestore del saloon faceva capolino all'interno.
しかし、そのたびに中を覗くのは酒場主人の太った顔だけだった。
Il volto dell'uomo era illuminato dalla debole luce di una candela di sego.
男の顔は獣脂ろうそくのぼんやりとした光で照らされていた。
Ogni volta, il latrato gioioso di Buck si trasformava in un ringhio basso e arrabbiato.
そのたびに、バックの喜びに満ちた吠え声は、低く怒った唸り声に変わった。

Il gestore del saloon lo ha lasciato solo per la notte nella cassa
酒場の主人は彼を一晩中箱の中に残していった
Ma quando si svegliò la mattina seguente, altri uomini stavano arrivando.
しかし、朝目覚めると、さらに多くの男たちがやって来ていた。
Arrivarono quattro uomini e, con cautela, sollevarono la cassa senza dire una parola.
4人の男がやって来て、何も言わずにそっと木箱を持ち上げました。
Buck capì subito in quale situazione si trovava.
バックはすぐに自分が置かれた状況を悟った。
Erano ulteriori tormentatori che doveva combattere e temere.
彼らは彼が戦って恐れなければならなかったさらなる拷問者でした。
Questi uomini apparivano malvagi, trasandati e molto mal curati.
これらの男たちは邪悪で、ぼろぼろの服を着ており、身だしなみもひどく悪そうに見えました。
Buck ringhiò e si lanciò contro di loro con furia attraverso le sbarre.
バックは唸り声をあげ、格子越しに激しく彼らに突進した。
Si limitarono a ridere e a colpirlo con lunghi bastoni di legno.
彼らはただ笑って、長い木の棒で彼を突いた。
Buck morse i bastoncini, poi capì che era quello che gli piaceva.
バックは棒を嚙み、それが彼らが好きなものだと気づきました。
Così si sdraiò in silenzio, imbronciato e acceso da una rabbia silenziosa.
そこで彼は静かに横たわり、不機嫌になり、静かな怒りに燃えていた。
Caricarono la cassa su un carro e se ne andarono con lui.

彼らは木箱を荷馬車に積み込み、彼を連れて走り去った。

La cassa, con Buck chiuso dentro, cambiò spesso proprietario.
バックが中に閉じ込められていた木箱は、頻繁に所有者が変わった。

Gli impiegati dell'ufficio espresso presero in mano la situazione e si occuparono di lui per un breve periodo.
急行便の事務員が担当し、簡単に対応してくれました。

Poi un altro carro trasportò Buck attraverso la rumorosa città.
それから別の荷馬車がバックを騒がしい町の向こうへ運んだ。

Un camion lo portò con sé scatole e pacchi su un traghetto.
トラックが彼を箱や小包とともにフェリー船に乗せた。

Dopo l'attraversamento, il camion lo scaricò presso un deposito ferroviario.
国境を越えた後、トラックは彼を鉄道駅で降ろした。

Alla fine Buck venne fatto salire a bordo di un vagone espresso in attesa.
ついに、バックは待機していた急行車両に乗せられました。

Per due giorni e due notti i treni trascinarono via il vagone espresso.
二日二晩にわたって、列車が急行車両を牽引しました。

Buck non mangiò né bevve durante tutto il doloroso viaggio.
バックは苦しい旅の間中、食べることも飲むこともしなかった。

Quando i messaggeri cercarono di avvicinarlo, lui ringhiò.
急使たちが彼に近づこうとしたとき、彼はうなり声をあげた。

Risposero prendendolo in giro e prendendolo in giro crudelmente.
彼らは彼を嘲笑し、残酷にからかって応じた。

Buck si gettò contro le sbarre, schiumando e tremando
バックは泡を吹きながら震えながら鉄格子に飛びついた。

risero sonoramente e lo presero in giro come i bulli della scuola.
彼らは大声で笑い、まるで学校のいじめっ子のように彼をからかった。
Abbaiavano come cani finti e agitavano le braccia.
彼らは偽の犬のように吠え、腕をバタバタさせました。
Arrivarono persino a cantare come galli, solo per farlo arrabbiare ancora di più.
彼らは彼をさらに怒らせるために、雄鶏のように鳴きさえしました。
Era un comportamento sciocco e Buck sapeva che era ridicolo.
それは愚かな行為であり、バックはそれが馬鹿げていることを知っていた。
Ma questo non fece altro che accrescere il suo senso di indignazione e vergogna.
しかし、それによって彼の怒りと恥の意識は深まるばかりだった。
Durante il viaggio la fame non lo disturbò molto.
彼は旅行中、空腹にあまり悩まされることはなかった。
Ma la sete portava con sé dolori acuti e sofferenze insopportabili.
しかし、渇きは激しい痛みと耐え難い苦しみをもたらしました。
La sua gola secca e infiammata e la lingua bruciavano per il calore.
彼の乾燥して炎症を起こした喉と舌は熱く燃えるように痛んだ。
Questo dolore alimentava la febbre che cresceva nel suo corpo orgoglioso.
この痛みは彼の誇り高き体の中で高まる熱を増大させた。
Durante questa prova Buck fu grato per una sola cosa.
バックはこの裁判中、ただ一つのことに感謝していた。
Gli avevano tolto la corda dal grosso collo.
彼の太い首に巻かれていたロープは外されていた。

La corda aveva dato a quegli uomini un vantaggio ingiusto e crudele.
ロープは彼らに不公平かつ残酷な優位性を与えていた。
Ora la corda non c'era più e Buck giurò che non sarebbe mai più tornata.
今やロープは消え去っており、バックはそれが二度と戻らないと誓った。
Decise che nessuna corda gli sarebbe mai più passata intorno al collo.
彼は二度と自分の首にロープを巻かないことを決意した。
Per due lunghi giorni e due lunghe notti soffrì senza cibo.
彼は二日間と二晩、食べ物もなく苦しみ続けた。
E in quelle ore, accumulò dentro di sé una rabbia enorme.
そして、その数時間の間に、彼は心の中に大きな怒りを蓄積していった。
I suoi occhi diventarono iniettati di sangue e selvaggi per la rabbia costante.
彼の目は絶え間ない怒りのせいで充血し狂ったようになっていた。
Non era più Buck, ma un demone con le fauci che schioccavano.
彼はもうバックではなく、パクパクと顎を鳴らす悪魔だった。
Nemmeno il Giudice avrebbe potuto riconoscere questa folle creatura.
裁判官でさえこの狂った生き物を知らなかっただろう。
I messaggeri espressi tirarono un sospiro di sollievo quando giunsero a Seattle
速達の使者たちはシアトルに到着すると安堵のため息をついた。
Quattro uomini sollevarono la cassa e la portarono in un cortile sul retro.
4人の男が木箱を持ち上げて裏庭に運んだ。
Il cortile era piccolo, circondato da mura alte e solide.
庭は狭く、高くて頑丈な壁に囲まれていました。

Un uomo corpulento uscì dalla stanza con una scollatura larga e una camicia rossa.
だぶだぶの赤いセーターシャツを着た大男が出てきた。
Firmò il registro delle consegne con una calligrafia spessa e decisa.
彼は配達記録簿に太くて力強い手書きで署名した。
Buck intuì subito che quell'uomo era il suo prossimo aguzzino.
バックはすぐにこの男が自分を苦しめる次の相手だと察した。
Si lanciò violentemente contro le sbarre, con gli occhi rossi di rabbia.
彼は怒りで目を真っ赤にして、鉄格子に向かって激しく突進した。
L'uomo si limitò a sorridere amaramente e andò a prendere un'ascia.
男は暗い笑みを浮かべると、斧を取りに行きました。
Teneva anche una mazza nella sua grossa e forte mano destra.
彼はまた、分厚く力強い右手に棍棒を持っていた。
"Lo porterai fuori adesso?" chiese l'autista preoccupato.
「今から彼を連れ出すつもりですか？」運転手は心配そうに尋ねた。
"Certo", disse l'uomo, infilando l'ascia nella cassa come se fosse una leva.
「もちろんだ」男は梃子代わりに斧を木箱に押し込みながら言った。
I quattro uomini si dileguarono all'istante, saltando sul muro del cortile.
4人の男たちはすぐに散り散りになり、庭の壁の上に飛び上がった。
Dai loro punti sicuri in alto, aspettavano di ammirare lo spettacolo.
彼らは上の安全な場所から、その光景を眺めるのを待っていた。

Buck si lanciò contro il legno scheggiato, mordendolo e scuotendolo violentemente.
バックは砕けた木に突進し、激しく噛みつきながら震えていた。
Ogni volta che l'ascia colpiva la gabbia, Buck era lì pronto ad attaccarla.
斧が檻に当たるたびに、バックがそこにいて攻撃した。
Ringhiò e schioccò le dita in preda a una rabbia selvaggia, desideroso di essere liberato.
彼は解放されることを切望し、激しい怒りで唸り声をあげ、噛みついた。
L'uomo all'esterno era calmo e fermo, concentrato sul suo compito.
外の男は落ち着いていて落ち着いており、自分の仕事に集中していた。
"Bene allora, diavolo dagli occhi rossi", disse quando il buco fu grande.
「そうだな、この赤い目の悪魔」穴が大きくなったとき、彼はそう言った。
Lasciò cadere l'ascia e prese la mazza nella mano destra.
彼は斧を落とし、右手に棍棒を取った。
Buck sembrava davvero un diavolo: aveva gli occhi iniettati di sangue e fiammeggianti.
バックは本当に悪魔のように見えました。目は充血して燃えていました。
Il suo pelo si rizzò, la schiuma gli salì alla bocca e gli occhi brillarono.
彼のコートは逆立ち、口からは泡が吹き、目はきらきらと輝いていた。
Lui tese i muscoli e si lanciò dritto verso il maglione rosso.
彼は筋肉を収縮させ、真っ直ぐに赤いセーターに向かって飛びかかった。
Centoquaranta libbre di furia si riversarono sull'uomo calmo.
140ポンドの怒りが冷静な男に向かって飛び散った。

Un attimo prima che le sue fauci si chiudessero, un colpo terribile lo colpì.
顎が閉じる直前、恐ろしい一撃が彼を襲った。
I suoi denti si schioccarono insieme solo sull'aria
彼の歯は空気だけでカチカチと音を立てた
una scossa di dolore gli risuonò nel corpo
激しい痛みが彼の体中に響き渡った
Si capovolse a mezz'aria e cadde sulla schiena e su un fianco.
彼は空中で回転し、背中と横から地面に倒れ込んだ。
Non aveva mai sentito prima un colpo di mazza e non riusciva a sostenerlo.
彼はこれまで棍棒の打撃を感じたことがなく、それを理解することができなかった。
Con un ringhio acuto, in parte abbaio, in parte urlo, saltò di nuovo.
叫び声のような、吠え声のようなうなり声とともに、彼は再び飛び上がった。
Un altro colpo violento lo colpì e lo scaraventò a terra.
もう一度の残忍な一撃が彼を襲い、地面に叩きつけられた。
Questa volta Buck capì: era la pesante clava dell'uomo.
今度はバックは理解した――それは男の重い棍棒だったのだ。
Ma la rabbia lo accecò e non pensò minimamente di ritirarsi.
しかし、怒りのあまり彼は目が見えなくなり、撤退する考えもなかった。
Dodici volte si lanciò e dodici volte cadde.
彼は12回飛び上がり、12回落ちた。
La mazza di legno lo colpiva ogni volta con una forza spietata e schiacciante.
そのたびに、木の棍棒は容赦なく、圧倒的な力で彼を打ち砕いた。
Dopo un colpo violento, si rialzò barcollando, stordito e lento.
激しい一撃を受けた後、彼は茫然としてよろめきながらゆっくりと立ち上がった。

Il sangue gli colava dalla bocca, dal naso e perfino dalle orecchie.
彼の口、鼻、さらには耳からも血が流れ出た。
Il suo mantello, un tempo bellissimo, era imbrattato di schiuma insanguinata.
かつて美しかった彼の毛皮は血の泡で汚れていた。
Poi l'uomo si fece avanti e gli sferrò un violento colpo al naso.
すると男が近づき、鼻にひどい一撃を加えた。
L'agonia fu più acuta di qualsiasi cosa Buck avesse mai provato.
その苦痛はバックがこれまで感じたことのなかったものよりも激しいものだった。
Con un ruggito più da bestia che da cane, balzò di nuovo all'attacco.
彼は犬というより獣のような咆哮をあげ、再び飛びかかって攻撃した。
Ma l'uomo gli afferrò la mascella inferiore e la torse all'indietro.
しかし、男は彼の下顎を掴み、後ろにひねった。
Buck si girò a testa in giù e cadde di nuovo violentemente al suolo.
バックはひっくり返って、再び激しく地面に落ちた。
Un'ultima volta, Buck si lanciò verso di lui, ormai a malapena in grado di reggersi in piedi.
バックは最後にもう一度、かろうじて立つことができた状態で彼に突進した。
L'uomo colpì con sapiente tempismo, sferrando il colpo finale.
男は熟練したタイミングで攻撃し、とどめを刺した。
Buck crollò a terra, privo di sensi e immobile.
バックは意識を失い、動かずに倒れてしまいました。
"Non è uno stupido ad addestrare i cani, ecco cosa dico io", urlò un uomo.
「彼は犬の調教が下手なわけではない、それが私の意見だ」と男は叫んだ。

"Druther può spezzare la volontà di un segugio in qualsiasi giorno della settimana."
「ドゥルーザーはいつでも猟犬の意志を折ることができる。」
"E due volte di domenica!" aggiunse l'autista.
「しかも日曜日には２回も！」と運転手は付け加えた。
Salì sul carro e tirò le redini per partire.
彼は荷馬車に乗り込み、手綱を鳴らして出発した。
Buck riprese lentamente il controllo della sua coscienza
バックはゆっくりと意識を取り戻した
ma il suo corpo era ancora troppo debole e rotto per muoversi.
しかし、彼の体はまだ動くには弱りきっていて壊れていました。
Rimase lì dove era caduto, osservando l'uomo con il maglione rosso.
彼は倒れた場所に横たわり、赤いセーターを着た男を見つめていた。
"Risponde al nome di Buck", disse l'uomo, leggendo ad alta voce.
「彼はバックという名で呼ばれています」男は声を出して読みながら言った。
Citò la nota inviata con la cassa di Buck e i dettagli.
彼はバックの木箱と一緒に送られたメモから詳細を引用した。
"Bene, Buck, ragazzo mio", continuò l'uomo con tono amichevole,
「そうだな、バック、坊や」男は友好的な口調で続けた。
"Abbiamo avuto il nostro piccolo litigio, e ora tra noi è finita."
「ちょっとした喧嘩をしたけど、もう私たちの関係は終わった。」
"Tu hai imparato qual è il tuo posto, e io ho imparato qual è il mio", ha aggiunto.

「君は自分の立場を学んだし、私も自分の立場を学んだ」と彼は付け加えた。

"Sii buono e tutto andrà bene e la vita sarà piacevole."

「善良であれ。そうすればすべてはうまくいき、人生は楽しいものとなる。」

"Ma se sei cattivo, ti spaccherò a morte, capito?"

「でも、悪いことをしたら、ぶん殴ってやるからな、分かったか？」

Mentre parlava, allungò la mano e accarezzò la testa dolorante di Buck.

そう言いながら、彼は手を伸ばしてバックの痛む頭を軽くたたいた。

I capelli di Buck si rizzarono al tocco dell'uomo, ma lui non oppose resistenza.

男に触れられてバックの髪は逆立ったが、彼は抵抗しなかった。

L'uomo gli portò dell'acqua e Buck la bevve a grandi sorsi.

男は彼に水を持って来たので、バックはそれを一気に飲んだ。

Poi arrivò la carne cruda, che Buck divorò pezzo per pezzo.

それから生の肉が運ばれてきて、バックはそれを一口ずつ食べ尽くした。

Sapeva di essere stato sconfitto, ma sapeva anche di non essere distrutto.

彼は自分が負けたことを知っていたが、まだ壊れていないことも知っていた。

Non aveva alcuna possibilità contro un uomo armato di manganello.

棍棒で武装した男に彼に勝ち目はなかった。

Aveva imparato la verità e non dimenticò mai quella lezione.

彼は真実を学び、その教訓を決して忘れなかった。

Quell'arma segnò l'inizio della legge nel nuovo mondo di Buck.

その武器はバックの新しい世界における法の始まりでした。

Fu l'inizio di un ordine duro e primitivo che non poteva negare.
それは彼が否定することのできない、過酷で原始的な秩序の始まりだった。
Accettò la verità: i suoi istinti selvaggi erano ormai risvegliati.
彼は真実を受け入れた。彼の野生の本能が目覚めたのだ。
Il mondo era diventato più duro, ma Buck lo affrontò coraggiosamente.
世界はより厳しくなっていたが、バックは勇敢にそれに立ち向かった。
Affrontò la vita con una nuova cautela, astuzia e una forza silenziosa.
彼は新たな注意深さ、狡猾さ、そして静かな強さで人生に立ち向かった。
Arrivarono altri cani, legati con corde o gabbie, come era successo a Buck.
バックと同じように、ロープや箱に縛られた犬がさらにたくさんやって来ました。
Alcuni cani procedevano con calma, altri si infuriavano e combattevano come bestie feroci.
落ち着いてやってくる犬もいれば、野獣のように激怒して戦う犬もいました。
Tutti loro furono sottoposti al dominio dell'uomo con il maglione rosso.
彼ら全員は赤いセーターを着た男の支配下に置かれました。
Ogni volta Buck osservava e vedeva svolgersi la stessa lezione.
そのたびに、バックは同じ教訓が展開されるのを観察しました。
L'uomo con la clava era la legge: un padrone a cui obbedire.
棍棒を持った男は法律であり、従うべき主人だった。
Non era necessario che gli piacesse, ma che gli si obbedisse.

彼は好かれる必要はなかったが、従われる必要はあった。

Buck non si è mai mostrato adulatore o scodinzolante come facevano i cani più deboli.
バックは、弱い犬たちのように媚びへつらったり尻尾を振ったりすることは決してなかった。

Vide dei cani che erano stati picchiati e che continuavano a leccare la mano dell'uomo.
彼は、殴られてもなお男の手を舐め続ける犬たちを見た。

Vide un cane che non obbediva né si sottometteva affatto.
彼は、まったく従わない、服従しない犬を一匹見かけました。

Quel cane ha combattuto fino alla morte nella battaglia per il controllo.
その犬は支配権をめぐる戦いで殺されるまで戦い続けた。

A volte degli sconosciuti venivano a trovare l'uomo con il maglione rosso.
時々、見知らぬ人が赤いセーターを着た男に会いに来ることもあった。

Parlavano con toni strani, supplicando, contrattando e ridendo.
彼らは奇妙な口調で話し、懇願したり、交渉したり、笑ったりした。

Dopo aver scambiato i soldi, se ne andavano con uno o più cani.
お金を交換すると、彼らは一匹以上の犬を連れて帰りました。

Buck si chiese dove andassero questi cani, perché nessuno faceva mai ritorno.
バックはこれらの犬たちがどこへ行ったのか不思議に思った。一匹も戻ってこなかったからだ。

la paura dell'ignoto riempiva Buck ogni volta che un uomo sconosciuto si avvicinava

見知らぬ男が来るたびに、バックは未知への恐怖に襲われた。
era contento ogni volta che veniva preso un altro cane, al posto suo.
彼は、自分ではなく他の犬が連れて行かれるたびに嬉しかった。
Ma alla fine arrivò il turno di Buck con l'arrivo di uno strano uomo.
しかし、ついに、奇妙な男の出現により、バックの番が来た。
Era piccolo, nervoso e parlava un inglese stentato e imprecava.
彼は小柄で、筋肉質で、片言の英語と汚い言葉で話した。
"Sacredam!" urlò quando vide il corpo di Buck.
「神聖だ！」彼はバックの体格を見て叫んだ。
"Che cane maledetto e prepotente! Eh? Quanto costa?" chiese ad alta voce.
「あれは本当にいじめっ子だ！え？いくらだ？」と彼は大声で尋ねた。
"Trecento, ed è un regalo a quel prezzo",
「300ドルで彼はプレゼントだ」
"Dato che sono soldi del governo, non dovresti lamentarti, Perrault."
「政府のお金なんだから文句を言うべきじゃないよ、ペロー」
Perrault sorrise pensando all'accordo che aveva appena concluso con quell'uomo.
ペローはその男と交わしたばかりの取引にニヤリと笑った。
Il prezzo dei cani è salito alle stelle a causa della domanda improvvisa.
突然の需要により犬の値段が高騰した。
Trecento dollari non erano ingiusti per una bestia così bella.
こんなに素晴らしい獣に対して、300
ドルは不当ではない。

Il governo canadese non perderebbe nulla dall'accordo
カナダ政府はこの取引で何も失うことはない
Né i loro comunicati ufficiali avrebbero subito ritardi nel trasporto.
また、公式の派遣が輸送中に遅れることもありません。
Perrault conosceva bene i cani e capì che Buck era una rarità.
ペローは犬をよく知っていたので、バックが珍しい犬だと分かっていた。
"Uno su dieci diecimila", pensò, mentre studiava la corporatura di Buck.
「一万分の一だ」と彼はバックの体格を研究しながら思った。
Buck vide il denaro cambiare di mano, ma non mostrò alcuna sorpresa.
バックはお金が手渡されるのを見たが、驚いた様子はなかった。
Poco dopo lui e Curly, un gentile Terranova, furono portati via.
すぐに彼と温厚なニューファンドランド犬の縮れたは連れて行かれました。
Seguirono l'omino dal cortile della casa con il maglione rosso.
彼らは赤いセーターを着た人の庭からその小男の後を追った。
Quella fu l'ultima volta che Buck vide l'uomo con la mazza di legno.
それがバックが木の棍棒を持った男を見た最後の時だった。
Dal ponte del Narwhal guardò Seattle svanire in lontananza.
彼はイッカク号のデッキからシアトルが遠くに消えていくのを眺めた。
Fu anche l'ultima volta che vide le calde terre del Sud.
それは彼が暖かい南国を見た最後の機会でもありました。
Perrault li portò sottocoperta e li lasciò con François.

ペローは彼らを船底に連れて行き、フランソワに預けた。
François era un gigante con la faccia nera e le mani ruvide e callose.
フランソワは、顔が黒く、手が荒れてタコだらけの巨漢だった。
Era un uomo dalla carnagione scura e dalla carnagione scura, un meticcio franco-canadese.
彼は肌が浅黒く、フランス系カナダ人の混血だった。
Per Buck, quegli uomini erano come non li aveva mai visti prima.
バックにとって、これらの男たちは今まで見たことのない種類の男たちだった。
Nei giorni a venire avrebbe avuto modo di conoscere molti di questi uomini.
彼はその後、そのような男性を数多く知ることになるだろう。
Non cominciò ad affezionarsi a loro, ma finì per rispettarli.
彼は彼らを好きになったわけではないが、尊敬するようになった。
Erano giusti e saggi e non si lasciavano ingannare facilmente da nessun cane.
彼らは公平で賢く、どんな犬にも簡単に騙されることはありませんでした。
Giudicavano i cani con calma e punivano solo quando meritavano.
彼らは犬を冷静に判断し、罰に値する場合にのみ罰を与えた。
Sul ponte inferiore del Narwhal, Buck e Curly incontrarono due cani.
イッカク号の下甲板で、バックと縮れたは二匹の犬に出会った。
Uno era un grosso cane bianco proveniente dalle lontane e gelide isole Spitzbergen.
一匹は遠く離れた氷に覆われたスピッツベルゲン島から来た大きな白い犬でした。

In passato aveva navigato su una baleniera e si era unito a un gruppo di ricerca.
彼はかつて捕鯨船に乗って調査団に加わったことがある。

Era amichevole, ma astuto, subdolo e subdolo.
彼はずる賢く、陰険で、ずる賢いやり方で友好的だった。

Al loro primo pasto, rubò un pezzo di carne dalla padella di Buck.
最初の食事のとき、彼はバックのフライパンから肉を一切れ盗みました。

Buck saltò per punirlo, ma la frusta di François colpì per prima.
バックは彼を罰するために飛びかかったが、フランソワの鞭が先に当たった。

Il ladro bianco urlò e Buck reclamò l'osso rubato.
白人の泥棒は悲鳴をあげ、バックは盗まれた骨を取り戻した。

Questa correttezza colpì Buck e François si guadagnò il suo rispetto.
その公平さはバックに感銘を与え、フランソワは彼の尊敬を得た。

L'altro cane non lo salutò e non volle nessuno in cambio.
もう一匹の犬は挨拶もせず、挨拶の返事も求めませんでした。

Non rubava il cibo, né annusava con interesse i nuovi arrivati.
彼は食べ物を盗んだり、新しく来たものを興味深く嗅いだりしませんでした。

Questo cane era cupo e silenzioso, cupo e lento nei movimenti.
この犬は陰気で静かで、陰気で動きが遅かった。

Avvertì Curly di stargli lontano semplicemente lanciandole un'occhiata fulminante.
彼はただ睨みつけるだけで縮れたに近寄らないように警告した。

Il suo messaggio era chiaro: lasciatemi in pace o saranno guai.
彼のメッセージは明確でした。私を放っておいてくれ、さもないと問題が起きるぞ、というものでした。
Si chiamava Dave e non faceva quasi caso a ciò che lo circondava.
彼はデイブと呼ばれ、周囲の状況をほとんど気にしていませんでした。
Dormiva spesso, mangiava tranquillamente e sbadigliava di tanto in tanto.
彼はよく眠り、静かに食事をし、時々あくびをしていた。

La nave ronzava costantemente con il rumore dell'elica sottostante.
船は下でプロペラが鼓動する音とともに絶えずブンブンと音を立てていた。
I giorni passarono senza grandi cambiamenti, ma il clima si fece più freddo.
あまり変化のない日々が過ぎていきましたが、天気は寒くなってきました。
Buck se lo sentiva nelle ossa e notò che anche gli altri lo sentivano.
バックはそれを骨の髄まで感じ、他の人たちもそう感じていることに気づいた。
Poi una mattina l'elica si fermò e tutto rimase immobile.
そしてある朝、プロペラが止まり、すべてが静かになりました。
Un'energia percorse la nave: qualcosa era cambiato.
エネルギーが船中に広がり、何かが変わった。
François scese, li mise al guinzaglio e li portò su.
フランソワは降りてきて、犬たちにリードをつけ、連れて帰りました。
Buck uscì e trovò il terreno morbido, bianco e freddo.
バックは外に出て、地面が柔らかく、白く、冷たいことに気づいた。

Lui fece un balzo indietro allarmato e sbuffò in preda alla confusione più totale.
彼は驚いて飛び退き、完全に混乱した様子で鼻を鳴らした。
Una strana sostanza bianca cadeva dal cielo grigio.
灰色の空から奇妙な白いものが落ちてきました。
Si scosse, ma i fiocchi bianchi continuavano a cadergli addosso.
彼は体を震わせたが、白い雪片は彼の上に降り注ぎ続けた。
Annusò attentamente la sostanza bianca e ne leccò alcuni pezzetti ghiacciati.
彼はその白いものを注意深く嗅ぎ、氷のようなものをいくつか舐めた。
La polvere bruciò come il fuoco e poi svanì subito dalla sua lingua.
粉は火のように燃え、舌の上から消えていった。
Buck ci riprovò, sconcertato dallo strano freddo che svaniva.
バックは、奇妙に消えていく冷たさに困惑しながら、もう一度試してみた。
Gli uomini intorno a lui risero e Buck si sentì in imbarazzo.
周りの男たちは笑い、バックは恥ずかしくなった。
Non sapeva perché, ma si vergognava della sua reazione.
彼は理由は知らなかったが、自分の反応を恥じた。
Era la sua prima esperienza con la neve e la cosa lo confuse.
それは彼にとって初めての雪の経験であり、彼は混乱した。

La legge del bastone e della zanna
棍棒と牙の法則

Il primo giorno di Buck sulla spiaggia di Dyea è stato un terribile incubo.
バックにとってダイアビーチでの初日はひどい悪夢のようだった。
Ogni ora portava con sé nuovi shock e cambiamenti inaspettati per Buck.
毎時間ごとに、バックは新たな衝撃と予期せぬ変化に見舞われた。
Era stato strappato alla civiltà e gettato nel caos più totale.
彼は文明から引き離され、激しい混乱の中に放り込まれた。
Questa non era una vita soleggiata e pigra, fatta di noia e riposo.
これは退屈と休息を伴う、陽気で怠惰な生活ではありませんでした。
Non c'era pace, né riposo, né momento senza pericolo.
平和も休息もなく、危険のない瞬間もなかった。
La confusione regnava su tutto e il pericolo era sempre vicino.
混乱がすべてを支配し、危険は常に身近に迫っていました。
Buck doveva stare attento perché quegli uomini e quei cani erano diversi.
バックは、これらの男たちと犬たちが異なっていたので、警戒を怠ってはならなかった。
Non provenivano da città; erano selvaggi e spietati.
彼らは町から来たわけではなく、野蛮で慈悲のない者たちでした。
Questi uomini e questi cani conoscevano solo la legge del bastone e della zanna.
これらの男と犬は棍棒と牙の法則しか知らなかった。
Buck non aveva mai visto dei cani combattere come questi feroci husky.

バックは、これらの獰猛なハスキー犬のように戦う犬を見たことがなかった。

La sua prima esperienza gli insegnò una lezione che non avrebbe mai dimenticato.
その最初の経験は彼に決して忘れることのない教訓を与えた。

Fu una fortuna che non fosse lui, altrimenti sarebbe morto anche lui.
それが彼でなかったのは幸運だった、そうでなければ彼も死んでいただろう。

Curly era quello che soffriva, mentre Buck osservava e imparava.
バックが見守りながら学んでいる間、苦しんだのは縮れただった。

Si erano accampati vicino a un deposito costruito con tronchi.
彼らは丸太で建てられた店の近くにキャンプを張っていた。

Curly cercò di essere amichevole con un grosso husky simile a un lupo.
縮れたは、狼のような大きなハスキー犬に優しくしようとしました。

L'husky era più piccolo di Curly, ma aveva un aspetto selvaggio e cattivo.
ハスキーは縮れたより小さかったが、野性的で凶暴な様子だった。

Senza preavviso, lui saltò su e le tagliò il viso.
彼は何の前触れもなく飛び上がり、彼女の顔を切り裂いた。

Con un solo movimento i suoi denti le tagliarono l'occhio fino alla mascella.
彼の歯は彼女の目から顎まで一気に切り裂いた。

Ecco come combattevano i lupi: colpivano velocemente e saltavano via.
これがオオカミの戦い方です。素早く攻撃して、飛び去るのです。

Ma c'era molto di più da imparare da quell'unico attacco.
しかし、その攻撃から学ぶべきことはもっとたくさんありました。
Decine di husky si precipitarono dentro e formarono un cerchio silenzioso.
数十匹のハスキー犬が駆け寄ってきて、静かに輪を作った。
Osservavano attentamente e si leccavano le labbra per la fame.
彼らはじっと見つめ、空腹で唇をなめました。
Buck non capiva il loro silenzio né i loro occhi ansiosi.
バックは彼らの沈黙や熱心な視線の意味を理解していなかった。
Curly si lanciò ad attaccare l'husky una seconda volta.
縮れたは再びハスキー犬を攻撃しようと突進した。
Usò il suo petto per buttarla a terra con un movimento violento.
彼は胸を使って強い動きで彼女を倒した。
Cadde su un fianco e non riuscì più a rialzarsi.
彼女は横に倒れてしまい、起き上がることができませんでした。
Era proprio quello che gli altri aspettavano da tempo.
それは他の人たちもずっと待っていたものだった。
Gli husky le saltarono addosso, guaindo e ringhiando freneticamente.
ハスキー犬たちは狂ったように吠えながら彼女に飛びかかった。
Lei urlò mentre la seppellivano sotto una pila di cani.
彼女は犬の山の下に埋められたとき、叫び声をあげた。
L'attacco fu così rapido che Buck rimase immobile per lo shock.
攻撃があまりにも速かったので、バックはショックでその場に凍りついた。
Vide Spitz tirare fuori la lingua in un modo che sembrava una risata.

彼はスピッツが笑っているように見える形で舌を突き出しているのを見た。
François afferrò un'ascia e corse dritto verso il gruppo di cani.
フランソワは斧を掴み、まっすぐ犬の群れの中に突進した。
Altri tre uomini hanno usato dei manganelli per allontanare gli husky.
他の3人の男は棍棒を使ってハスキー犬を追い払った。
In soli due minuti la lotta finì e i cani se ne andarono.
わずか2分で戦いは終わり、犬たちはいなくなっていました。
Curly giaceva morta nella neve rossa calpestata, con il corpo fatto a pezzi.
縮れたは、体を引き裂かれ、踏みつけられた赤い雪の上に死んで横たわっていた。
Un uomo dalla pelle scura era in piedi davanti a lei, maledicendo la scena brutale.
黒い肌の男が彼女の前に立ち、残酷な光景を罵った。
Il ricordo rimase con Buck e ossessionò i suoi sogni notturni.
その記憶はバックの心の中に残り、毎晩夢に現れた。
Ecco come funzionava: niente equità, niente seconda possibilità.
ここではそれが普通だった。公平さもなければ二度目のチャンスもない。
Una volta caduto un cane, gli altri lo uccidevano senza pietà.
一匹の犬が倒れると、他の犬は容赦なく殺します。
Buck decise allora che non si sarebbe mai lasciato cadere.
バックはそのとき、自分は決して落ちないと決心した。
Spitz tirò fuori di nuovo la lingua e rise guardando il sangue.
スピッツはまた舌を出して血を見て笑った。
Da quel momento in poi, Buck odiò Spitz con tutto il cuore.
その瞬間から、バックは心底スピッツを憎むようになった。

Prima che Buck potesse riprendersi dalla morte di Curly, accadde qualcosa di nuovo.
バックが縮れたの死から立ち直る前に、新たな出来事が起こった。
François si avvicinò e legò qualcosa attorno al corpo di Buck.
フランソワがやって来て、バックの体に何かを巻き付けました。
Era un'imbracatura simile a quelle usate per i cavalli al ranch.
それは牧場で馬に使われるような馬具でした。
Così come Buck aveva visto lavorare i cavalli, ora era costretto a lavorare anche lui.
バックは馬が働くのを見てきたので、今度は自分も働かされることになった。
Dovette trascinare François su una slitta nella foresta vicina.
彼はフランソワをそりに乗せて近くの森まで引っ張って行かなければなりませんでした。
Poi dovette trascinare indietro un pesante carico di legna da ardere.
それから、彼は重い薪を積んで引き戻さなければなりませんでした。
Buck era orgoglioso e gli faceva male essere trattato come un animale da lavoro.
バックはプライドの高い人だったので、労働動物のように扱われるのは辛かった。
Ma era saggio e non cercò di combattere la nuova situazione.
しかし彼は賢明だったので、新たな状況に逆らおうとはしなかった。
Accettò la sua nuova vita e diede il massimo in ogni compito.
彼は新しい人生を受け入れ、あらゆる仕事に最善を尽くしました。
Tutto di quel lavoro gli risultava strano e sconosciuto.
彼にとって、その仕事に関するすべてが奇妙で未知のものだった。
François era severo e pretendeva obbedienza senza indugio.

フランソワは厳格で、遅滞なく従うことを要求した。
La sua frusta garantiva che ogni comando venisse eseguito immediatamente.
彼の鞭はすべての命令がすぐに従うことを確実にした。
Dave era il timoniere, il cane più vicino alla slitta dietro Buck.
デイブは車輪の引き手で、バックの後ろでそりに一番近い犬でした。
Se commetteva un errore, Dave mordeva Buck sulle zampe posteriori.
デイブは、バックがミスをすると後ろ足を噛みました。
Spitz era il cane guida, abile ed esperto nel ruolo.
スピッツはリーダー犬であり、その役割に熟練しており、経験豊富でした。
Spitz non riusciva a raggiungere Buck facilmente, ma lo corresse comunque.
スピッツはバックに簡単には辿り着けなかったが、それでも彼を訂正した。
Ringhiava aspramente o tirava la slitta in modi che insegnavano a Buck.
彼は荒々しく唸ったり、バックに教えるようなやり方でそりを引いたりした。
Grazie a questo addestramento, Buck imparò più velocemente di quanto tutti si aspettassero.
この訓練により、バックは誰もが予想していたよりも早く学習しました。
Lavorò duramente e imparò sia da François che dagli altri cani.
彼は一生懸命働き、フランソワと他の犬たちから学びました。
Quando tornarono, Buck conosceva già i comandi chiave.
彼らが戻ったとき、バックはすでに重要なコマンドを覚えていました。
Imparò a fermarsi al suono della parola "oh" di François.
彼はフランソワから「ホ」という音で止まることを教わりました。

Imparò quando era il momento di tirare la slitta e correre.
彼はそりを引いて走らなければならない時を学びました
。
Imparò a svoltare senza problemi nelle curve del sentiero.
彼は道の曲がり角で問題なく大きく曲がることを学んだ
。
Imparò anche a evitare Dave quando la slitta scendeva velocemente.
彼はまた、そりが急に坂を下りてきたときにデイブを避けることも学びました。
"Sono cani molto buoni", disse orgoglioso François a Perrault.
「彼らはとても良い犬だ」フランソワは誇らしげにペローに言った。
"Quel Buck tira come un dannato, glielo insegno subito."
「あの雄鹿はものすごく引っ張るから、とにかく速く引っ張るように教えてやったんだ。」

Più tardi quel giorno, Perrault tornò con altri due husky.
その日遅く、ペローはさらに2匹のハスキー犬を連れて戻ってきた。
Si chiamavano Billee e Joe ed erano fratelli.
彼らの名前はビリーとジョーで、兄弟でした。
Provenivano dalla stessa madre, ma non erano affatto simili.
彼らは同じ母親から生まれましたが、まったく似ていませんでした。
Billee era un tipo dolce e molto amichevole con tutti.
ビリーは優しい性格で、誰に対してもとてもフレンドリーでした。
Joe era l'opposto: silenzioso, arrabbiato e sempre ringhiante.
ジョーは正反対で、静かで、怒っていて、いつも怒鳴っていました。
Buck li salutò amichevolmente e si mantenne calmo con entrambi.
バックは二人に友好的に挨拶し、二人に対して穏やかに接した。

Dave non prestò loro attenzione e rimase in silenzio come al solito.
デイブは彼らに注意を払わず、いつものように黙っていた。
Spitz attaccò prima Billee, poi Joe, per dimostrare la sua superiorità.
スピッツは自分の優位性を示すために、まずビリーを攻撃し、次にジョーを攻撃した。
Billee scodinzolava e cercava di essere amichevole con Spitz.
ビリーは尻尾を振ってスピッツに優しくしようとしました。
Quando questo non funzionò, cercò di scappare.
それがうまくいかなかったとき、彼は代わりに逃げようとしました。
Pianse tristemente quando Spitz lo morse forte sul fianco.
スピッツが彼の脇腹を強く噛んだとき、彼は悲しそうに泣きました。
Ma Joe era molto diverso e si rifiutava di farsi prendere in giro.
しかし、ジョーは他の子とは全く違っていて、いじめられることを拒否しました。
Ogni volta che Spitz si avvicinava, Joe si girava velocemente per affrontarlo.
スピッツが近づくたびに、ジョーは素早く回転してスピッツのほうを向いた。
La sua pelliccia si drizzò, le sue labbra si arricciarono e i suoi denti schioccarono selvaggiamente.
彼の毛は逆立ち、唇は歪んで、歯は激しくカチカチと音を立てた。
Gli occhi di Joe brillavano di paura e rabbia, sfidando Spitz a colpire.
ジョーの目は恐怖と怒りで輝き、スピッツに攻撃を挑発した。
Spitz abbandonò la lotta e si voltò, umiliato e arrabbiato.
スピッツは屈辱と怒りを感じながら戦いを諦め、立ち去った。

Sfogò la sua frustrazione sul povero Billee e lo cacciò via.
彼はかわいそうなビリーに不満をぶつけ、彼を追い払った。
Quella sera Perrault aggiunse un altro cane alla squadra.
その夜、ペローはチームにもう一匹の犬を加えました。
Questo cane era vecchio, magro e coperto di cicatrici di battaglia.
この犬は年老いて、痩せていて、戦いの傷跡で覆われていました。
Gli mancava un occhio, ma l'altro brillava di potere.
彼の目は片方は欠けていたが、もう片方は力強く輝いていた。
Il nome del nuovo cane era Solleks, che significa "l'Arrabbiato".
新しい犬の名前はソレックス、つまり「怒った犬」という意味でした。
Come Dave, Solleks non chiedeva nulla agli altri e non dava nulla in cambio.
デイブと同様に、ソレックスは他人に何も求めず、何も返さなかった。
Quando Solleks entrò lentamente nell'accampamento, persino Spitz rimase lontano.
ソレックスがゆっくりとキャンプに歩いて入っていくと、スピッツさえも近寄らなかった。
Aveva una strana abitudine che Buck ebbe la sfortuna di scoprire.
彼には奇妙な習慣があったが、バックはそれを不運にも発見してしまった。
Solleks detestava essere avvicinato dal lato in cui era cieco.
ソレックスさんは、自分の目が見えていない側から近づかれるのが大嫌いだった。
Buck non lo sapeva e commise quell'errore per sbaglio.
バックはこれを知らず、偶然にその間違いを犯しました。
Solleks si voltò di scatto e colpì la spalla di Buck in modo profondo e rapido.

ソレックスはくるりと回転し、バックの肩を深く素早く切りつけた。

Da quel momento in poi, Buck non si avvicinò mai più al lato cieco di Solleks.

その瞬間から、バックはソレックスの死角に近づくことはなかった。

Non ebbero mai più problemi per il resto del tempo che trascorsero insieme.

彼らが一緒に過ごした残りの期間、再び問題が起こることはなかった。

Solleks voleva solo essere lasciato solo, come il tranquillo Dave.

ソレックスは、静かなデイブのように、ただ一人になることを望んでいた。

Ma Buck avrebbe scoperto in seguito che ognuno di loro aveva un altro obiettivo segreto.

しかし、バックは後に、彼らがそれぞれ別の秘密の目的を持っていたことを知ることになる。

Quella notte Buck si trovò ad affrontare una nuova e preoccupante sfida: come dormire.

その夜、バックは新たな困難な課題、つまりどうやって眠るかという問題に直面した。

La tenda era illuminata caldamente dalla luce delle candele nel campo innevato.

雪原の中のテントはろうそくの明かりで暖かく輝いていた。

Buck entrò, pensando che lì avrebbe potuto riposare come prima.

バックは、以前のようにそこで休めるだろうと思って中に入った。

Ma Perrault e François gli urlarono contro e gli tirarono delle padelle.

しかしペローとフランソワは彼に怒鳴りつけ、鍋を投げつけた。

Sconvolto e confuso, Buck corse fuori nel freddo gelido.

ショックを受けて混乱したバックは、凍えるような寒さの中へ飛び出しました。

Un vento gelido gli pungeva la spalla ferita e gli congelava le zampe.

ひどい風が彼の傷ついた肩を刺し、彼の足を凍らせた。

Si sdraiò sulla neve e cercò di dormire all'aperto.

彼は雪の上に横たわり、戸外で眠ろうとした。

Ma il freddo lo costrinse presto a rialzarsi, tremando forte.

しかし、寒さのせいで、彼はすぐにひどく震えながら起き上がらざるを得ませんでした。

Vagò per l'accampamento, cercando di trovare un posto più caldo.

彼は暖かい場所を探してキャンプ場を歩き回った。

Ma ogni angolo era freddo come quello precedente.

しかし、どの角も前と同じように寒かった。

A volte dei cani feroci gli saltavano addosso dall'oscurità.

時々、暗闇の中から凶暴な犬が彼に飛びかかってくることもありました。

Buck drizzò il pelo, scoprì i denti e ringhiò in tono ammonitore.

バックは毛を逆立て、歯をむき出しにして、警告するように唸った。

Lui stava imparando in fretta e gli altri cani si sono subito tirati indietro.

彼は学習が早く、他の犬たちはすぐに後退しました。

Tuttavia, non aveva un posto dove dormire e non aveva idea di cosa fare.

それでも、彼には寝る場所もなく、何をすればいいのかもわからなかった。

Alla fine gli venne in mente un pensiero: andare a dare un'occhiata ai suoi compagni di squadra.

ついに、彼はチームメイトの様子を確認するという考えを思いつきました。

Ritornò nella loro zona e rimase sorpreso nel constatare che non c'erano più.

彼は彼らの地域に戻り、彼らがいなくなっていることに驚きました。
Cercò di nuovo nell'accampamento, ma ancora non riuscì a trovarli.
彼は再びキャンプ内を捜索したが、やはり彼らを見つけることはできなかった。
Sapeva che loro non potevano stare nella tenda, altrimenti ci sarebbe stato anche lui.
彼らがテントの中にいるはずがない、そうでなければ自分もテントの中にいることになる、と彼は知っていた。
E allora, dove erano finiti tutti i cani in quell'accampamento ghiacciato?
それで、この凍ったキャンプで犬たちはどこへ行ってしまったのでしょうか？
Buck, infreddolito e infelice, girò lentamente intorno alla tenda.
寒さと惨めさを感じたバックはゆっくりとテントの周りを回った。
All'improvviso, le sue zampe anteriori sprofondarono nella neve soffice e lo spaventarono.
突然、前足が柔らかい雪の中に沈み、彼は驚きました。
Qualcosa si mosse sotto i suoi piedi e lui fece un salto indietro per la paura.
足元で何かがうごめいたため、彼は恐怖で後ずさりした。
Ringhiava e ringhiava, non sapendo cosa si nascondesse sotto la neve.
彼は雪の下に何があるのかも知らずに、うなり声をあげた。
Poi udì un piccolo abbaio amichevole che placò la sua paura.
すると、友好的な小さな吠え声が聞こえてきて、彼の恐怖は和らぎました。
Annusò l'aria e si avvicinò per vedere cosa fosse nascosto.
彼は空気を嗅いで、何が隠されているかを見るために近づいてきました。

Sotto la neve, rannicchiata in una calda palla, c'era la piccola Billee.
雪の下で、暖かいボールのように丸まっているのは、小さなビリーでした。
Billee scodinzolò e leccò il muso di Buck per salutarlo.
ビリーは尻尾を振ってバックの顔を舐めて挨拶しました。
Buck vide come Billee si era costruito un posto per dormire nella neve.
バックはビリーが雪の中に寝場所を作っているのを見た。
Aveva scavato e sfruttato il suo calore per scaldarsi.
彼は地面を掘り、自分の体温を利用して暖をとっていた。
Buck aveva imparato un'altra lezione: ecco come dormivano i cani.
バックはまた別の教訓を学んだ。犬たちはこうやって眠るのだ。
Scelse un posto e cominciò a scavare la sua buca nella neve.
彼は場所を選び、雪の中に自分の穴を掘り始めました。
All'inizio si muoveva troppo e sprecava energie.
最初は動き回りすぎてエネルギーを無駄にしていました。
Ma ben presto il suo corpo riscaldò lo spazio e si sentì al sicuro.
しかし、すぐに彼の体はその空間を温め、彼は安心した。
Si rannicchiò forte e poco dopo si addormentò profondamente.
彼は体をしっかりと丸めて、すぐにぐっすりと眠ってしまいました。
La giornata era stata lunga e dura e Buck era esausto.
その日は長くてつらい一日だったので、バックは疲れ果てていた。
Dormì profondamente e comodamente, anche se fece sogni selvaggi.

彼は荒々しい夢を見ていたにもかかわらず、深く心地よく眠った。
Ringhiava e abbaiava nel sonno, contorcendosi mentre sognava.
彼は夢を見ながら体をよじりながら、寝言を言ったり吠えたりした。

Buck non si svegliò finché l'accampamento non cominciò a prendere vita.
バックはキャンプが活気づき始めるまで目を覚まさなかった。
All'inizio non sapeva dove si trovasse o cosa fosse successo.
最初、彼は自分がどこにいるのか、何が起こったのか分かりませんでした。
La neve era caduta durante la notte e aveva seppellito completamente il suo corpo.
一晩中に雪が降り、彼の遺体が完全に埋もれてしまった。
La neve lo circondava, fitta su tutti i lati.
雪は彼の周囲にぎっしりと押し付けられていた。
All'improvviso un'ondata di paura percorse tutto il corpo di Buck.
突然、恐怖の波がバックの全身を駆け巡った。
Era la paura di rimanere intrappolati, una paura che proveniva da istinti profondi.
それは閉じ込められることへの恐怖であり、深い本能からくる恐怖でした。
Sebbene non avesse mai visto una trappola, la paura era viva dentro di lui.
彼は罠を見たことがなかったが、心の中では恐怖が残っていた。
Era un cane addomesticato, ma ora i suoi vecchi istinti selvaggi si stavano risvegliando.
彼は飼いならされた犬だったが、今では昔の野生の本能が目覚めていた。

I muscoli di Buck si irrigidirono e il pelo gli si rizzò su tutta la schiena.
バックの筋肉は緊張し、背中の毛が逆立った。
Ringhiò furiosamente e balzò in piedi nella neve.
彼は激しく唸り声をあげ、雪の中をまっすぐに飛び上がった。
La neve volava in ogni direzione mentre lui irrompeva nella luce del giorno.
彼が日光の中に飛び出すと、雪が四方八方に舞い上がった。
Ancora prima di atterrare, Buck vide l'accampamento disteso davanti a lui.
着陸する前から、バックは目の前に広がるキャンプを見た。
Ricordò tutto del giorno prima, tutto in una volta.
彼は前日の出来事をすべて一気に思い出した。
Ricordava di aver passeggiato con Manuel e di essere finito in quel posto.
彼はマヌエルと一緒に散歩してこの場所にたどり着いたことを思い出した。
Ricordava di aver scavato la buca e di essersi addormentato al freddo.
彼は穴を掘って寒さの中で眠りに落ちたことを思い出した。
Ora era sveglio e il mondo selvaggio intorno a lui era limpido.
今、彼は目を覚まし、周囲の荒々しい世界がはっきりと見えていた。
Un grido di François annunciò l'improvvisa apparizione di Buck.
フランソワはバックの突然の出現を歓迎する叫び声をあげた。
"Cosa ho detto?" gridò a gran voce il conducente del cane a Perrault.
「私が何て言ったの？」犬の御者はペローに向かって大声で叫んだ。

"Quel Buck impara sicuramente in fretta", ha aggiunto François.
「あの雄鹿は間違いなく、ものすごく早く学習するね」とフランソワは付け加えた。
Perrault annuì gravemente, visibilmente soddisfatto del risultato.
ペローは結果に明らかに満足し、重々しくうなずいた。
In qualità di corriere del governo canadese, trasportava dispacci.
彼はカナダ政府の伝令として、伝言を運んだ。
Era ansioso di trovare i cani migliori per la sua importante missione.
彼は重要な任務に最適な犬を見つけることに熱心だった。
Ora si sentiva particolarmente contento che Buck facesse parte della squadra.
彼はバックがチームの一員になったことを特に嬉しく思った。
Nel giro di un'ora, alla squadra furono aggiunti altri tre husky.
1時間以内にさらに3匹のハスキー犬がチームに加わりました。
Ciò ha portato il numero totale dei cani della squadra a nove.
これにより、チームの犬の数は合計9匹になりました。
Nel giro di quindici minuti tutti i cani erano imbracati.
15分以内に、すべての犬がハーネスを着けました。
La squadra di slitte stava risalendo il sentiero verso Dyea Cañon.
そりチームはダイア渓谷に向かって道を登っていた。
Buck era contento di andarsene, anche se il lavoro che lo attendeva era duro.
バックは、たとえ今後の仕事が大変であっても、去ることができて嬉しかった。
Scoprì di non disprezzare particolarmente né il lavoro né il freddo.

彼は労働や寒さを特に嫌っているわけではないことに気づいた。
Fu sorpreso dall'entusiasmo che pervadeva tutta la squadra.
彼はチーム全体に満ち溢れた熱意に驚いた。
Ancora più sorprendente fu il cambiamento avvenuto in Dave e Solleks.
さらに驚いたのは、デイブとソレックスに起こった変化だった。
Questi due cani erano completamente diversi quando venivano imbrigliati.
この二匹の犬は、ハーネスをつけたときはまったく違っていました。
La loro passività e la loro disattenzione erano completamente scomparse.
彼らの消極的な態度や無関心は完全に消え去っていました。
Erano attenti e attivi, desiderosi di svolgere bene il loro lavoro.
彼らは機敏で活動的であり、仕事をうまくやり遂げることに熱心でした。
Si irritavano ferocemente per qualsiasi cosa provocasse ritardi o confusione.
彼らは、遅延や混乱を引き起こすものに対して激しくイライラするようになった。
Il duro lavoro sulle redini era il centro del loro intero essere.
手綱を握る懸命な仕事が彼らの全存在の中心でした。
Sembrava che l'unica cosa che gli piacesse davvero fosse tirare la slitta.
そりを引くことが彼らが本当に楽しんでいる唯一のことのようでした。
Dave era in fondo al gruppo, il più vicino alla slitta.
デイブはグループの最後尾、そりに一番近かった。
Buck fu messo davanti a Dave e Solleks superò Buck.
バックはデイブの前に配置され、ソレックスはバックの前に進みました。
Il resto dei cani era disposto in fila indiana davanti a loro.

残りの犬たちは一列になって前に並んでいた。
La posizione di testa in prima linea era occupata da Spitz.
先頭の座はスピッツが占めた。
Buck era stato messo tra Dave e Solleks per essere istruito.
バックは指導のためにデイブとソレックスの間に置かれていた。
Lui imparava in fretta e gli insegnanti erano risoluti e capaci.
彼は学習が早く、教師たちは厳格で有能でした。
Non permisero mai a Buck di restare a lungo nell'errore.
彼らはバックが長期間にわたって誤ったままでいることを決して許さなかった。
Quando necessario, impartivano le lezioni con denti affilati.
彼らは必要に応じて鋭い歯で教訓を教えました。
Dave era giusto e dimostrava una saggezza pacata e seria.
デイブは公平で、静かで真剣な知恵を示しました。
Non mordeva mai Buck senza una buona ragione.
彼は、正当な理由がない限り、決してバックを噛むことはなかった。
Ma non mancava mai di mordere quando Buck aveva bisogno di essere corretto.
しかし、バックが矯正を必要としているときは、彼は決して噛み付かなかった。
La frusta di François era sempre pronta e sosteneva la loro autorità.
フランソワの鞭は常に準備されており、彼らの権威を支えていた。
Buck scoprì presto che era meglio obbedire che reagire.
バックはすぐに、反撃するよりも従うほうがよいことに気づいた。
Una volta, durante un breve riposo, Buck rimase impigliato nelle redini.
一度、短い休憩中に、バックは手綱に絡まってしまいました。
Ritardò la partenza e confuse i movimenti della squadra.
彼はスタートを遅らせ、チームの動きを混乱させた。

Dave e Solleks si avventarono su di lui e lo picchiarono duramente.
デイブとソレックスは彼に飛びかかり、激しく殴りつけた。
La situazione peggiorò ulteriormente, ma Buck imparò bene la lezione.
もつれは悪化するばかりだったが、バックは教訓をよく学んだ。
Da quel momento in poi tenne le redini tese e lavorò con attenzione.
それ以来、彼は手綱をしっかりと締め、慎重に作業を続けた。
Prima che la giornata finisse, Buck aveva portato a termine gran parte del suo compito.
その日が終わる前に、バックは自分の任務の大半をマスターした。
I suoi compagni di squadra quasi smisero di correggerlo o di morderlo.
チームメイトは彼を叱ったり噛んだりすることをほとんどやめました。
La frusta di François schioccava nell'aria sempre meno spesso.
フランソワの鞭が空気を切る音はだんだん小さくなっていった。
Perrault sollevò addirittura i piedi di Buck ed esaminò attentamente ogni zampa.
ペローはバックの足を持ち上げて、それぞれの足を注意深く調べました。
Era stata una giornata di corsa dura, lunga ed estenuante per tutti loro.
彼ら全員にとって、それは長くて疲れる、厳しい一日のランニングだった。
Risalirono il Cañon, attraversarono Sheep Camp e superarono le Scales.
彼らはキャニオンを登り、シープキャンプを通り、スケールズを過ぎました。

Superarono il limite della vegetazione arborea, poi ghiacciai e cumuli di neve alti diversi metri.
彼らは森林限界を越え、さらに何フィートも深い氷河と雪の吹きだまりを越えた。
Scalarono il grande e freddo Chilkoot Divide.
彼らは、とても寒くて恐ろしいチルクート分水嶺を登りました。
Quella cresta elevata si ergeva tra l'acqua salata e l'interno ghiacciato.
その高い尾根は塩水と凍った内陸部の間に位置していた。
Le montagne custodivano il triste e solitario Nord con ghiaccio e ripide salite.
山々は氷と険しい坂道で、悲しく孤独な北を守っていた。
Scesero rapidamente lungo una lunga catena di laghi sotto la dorsale.
彼らは分水嶺の下の長い湖群を順調に下っていった。
Questi laghi riempivano gli antichi crateri di vulcani spenti.
これらの湖は死火山の古代の火口を埋め尽くしたものでした。
Quella notte tardi raggiunsero un grande accampamento presso il lago Bennett.
その夜遅く、彼らはベネット湖の大きなキャンプ地に到着した。
Migliaia di cercatori d'oro erano lì, intenti a costruire barche per la primavera.
何千人もの金採掘者がそこに集まり、春に向けて船を建造していた。
Il ghiaccio si sarebbe presto rotto e dovevano essere pronti.
氷はすぐに解けそうだったので、彼らは準備をする必要がありました。
Buck scavò la sua buca nella neve e cadde in un sonno profondo.
バックは雪の中に穴を掘り、深い眠りに落ちた。

Dormiva come un lavoratore, esausto dopo una dura giornata di lavoro.
彼は、厳しい一日の労働で疲れ果てた労働者のように眠った。
Ma venne strappato al sonno troppo presto, nell'oscurità.
しかし、暗闇の中で、彼は眠りから引きずり起こされた。
Fu nuovamente imbrigliato insieme ai suoi compagni e attaccato alla slitta.
彼は再び仲間たちと馬具を着けられ、そりに繋がれた。
Quel giorno percorsero quaranta miglia, perché la neve era ben calpestata.
その日、雪はよく踏み固められていたので、彼らは40マイル進んだ。
Il giorno dopo, e per molti giorni a seguire, la neve era soffice.
翌日、そしてその後何日も、雪は柔らかくなっていました。
Dovettero farsi strada da soli, lavorando di più e muovendosi più lentamente.
彼らは自分たちで道を切り開かなければならず、より懸命に働き、よりゆっくりと進みました。
Di solito, Perrault camminava davanti alla squadra con le ciaspole palmate.
通常、ペローは水かきのあるスノーシューを履いてチームの先頭を歩いていた。
I suoi passi compattavano la neve, facilitando lo spostamento della slitta.
彼の足取りで雪が踏み固められ、そりが動きやすくなった。
François, che era al timone della barca a vela, a volte prendeva il comando.
ジーポールから舵を取っていたフランソワが時々操縦を引き継いだ。
Ma era raro che François prendesse l'iniziativa
しかしフランソワがリードするのは稀だった

perché Perrault aveva fretta di consegnare le lettere e i pacchi.
ペローは手紙や小包を配達するのに急いでいたからです。
Perrault era orgoglioso della sua conoscenza della neve, e in particolare del ghiaccio.
ペローは雪、特に氷に関する知識に誇りを持っていました。
Questa conoscenza era essenziale perché il ghiaccio autunnale era pericolosamente sottile.
秋の氷は危険なほど薄かったため、その知識は不可欠でした。
Dove l'acqua scorreva rapidamente sotto la superficie non c'era affatto ghiaccio.
地表の下で水が速く流れる場所には、氷はまったくありませんでした。

Giorno dopo giorno, la stessa routine si ripeteva senza fine.
来る日も来る日も、同じ繰り返しが終わりなく続いた。
Buck lavorava senza sosta con le redini, dall'alba alla sera.
バックは夜明けから夜まで手綱を握りしめ、休みなく働き続けた。
Lasciarono l'accampamento al buio, molto prima che sorgesse il sole.
彼らは太陽が昇るずっと前に、暗闇の中キャンプを出発した。
Quando spuntò l'alba, avevano già percorso molti chilometri.
夜が明ける頃には、彼らはすでに何マイルも離れたところまで来ていた。
Si accamparono dopo il tramonto, mangiando pesce e scavando buche nella neve.
彼らは暗くなってからキャンプを張り、魚を食べたり雪の中に穴を掘ったりした。
Buck era sempre affamato e non era mai veramente soddisfatto della sua razione.

バックはいつも空腹で、配給された食料に決して満足することはありませんでした。
Riceveva ogni giorno mezzo chilo di salmone essiccato.
彼は毎日1ポンド半の干し鮭を受け取った。
Ma il cibo sembrò svanire dentro di lui, lasciandogli solo la fame.
しかし、食べ物は彼の体内から消え去り、空腹だけが残ったようだった。
Soffriva di continui morsi della fame e sognava di avere più cibo.
彼は絶え間ない空腹感に苦しみ、もっと食べ物が欲しいと夢見ていた。
Gli altri cani hanno ricevuto solo mezzo chilo di cibo, ma sono rimasti forti.
他の犬たちはたった1ポンドの食べ物しか与えられなかったが、それでも元気に生き延びた。
Erano più piccoli ed erano nati in una società nordica.
彼らは小柄で、北の暮らしの中で生まれてきた。
Perse rapidamente la pignoleria che aveva caratterizzato la sua vecchia vita.
彼は昔の生活を特徴づけていた几帳面さをすぐに失った。
Fino a quel momento era stato un mangiatore prelibato, ma ora non gli era più possibile.
彼は以前は美味しいものを食べる人だったが、今はもうそれができなくなっていた。
I suoi compagni arrivarono primi e gli rubarono la razione rimasta.
仲間が先に食べ終えて、残っていた食料を奪い取った。
Una volta cominciati, non c'era più modo di difendere il cibo da loro.
一度彼らが攻撃を始めると、彼らから食べ物を守る方法はなくなりました。
Mentre lui lottava contro due o tre cani, gli altri rubarono il resto.

彼が二、三匹の犬と戦っている間に、他の犬たちが残りの犬を盗んでいった。

Per risolvere il problema, cominciò a mangiare velocemente come mangiavano gli altri.

これを直すために、彼は他の人と同じ速さで食べ始めました。

La fame lo spingeva così forte che arrivò persino a prendere del cibo non suo.

空腹に押しつぶされそうになった彼は、自分のものではない食べ物さえも口にした。

Osservò gli altri e imparò rapidamente dalle loro azioni.

彼は他の人達を観察し、彼らの行動からすぐに学びました。

Vide Pike, un nuovo cane, rubare una fetta di pancetta a Perrault.

彼は、新しい犬のパイクがペローからベーコンのスライスを盗むのを目撃しました。

Pike aveva aspettato che Perrault gli voltasse le spalle per rubare la pagnotta.

パイクはペローが背を向けるまで待ってベーコンを盗んだ。

Il giorno dopo, Buck copiò Pike e rubò l'intero pezzo.

翌日、バックはパイクの真似をして、その塊を全部盗みました。

Seguì un gran tumulto, ma Buck non fu sospettato.

大きな騒動が起こったが、バックは疑われなかった。

Al suo posto venne punito Dub, un cane goffo che veniva sempre beccato.

いつも捕まってしまう不器用な犬のダブが代わりに罰せられました。

Quel primo furto fece di Buck un cane adatto a sopravvivere al Nord.

その最初の窃盗により、バックは北部で生き残れる犬として名声を得た。

Ha dimostrato di sapersi adattare alle nuove condizioni e di saper imparare rapidamente.

彼は新しい状況に適応し、素早く学習できることを示した。

Senza tale adattabilità, sarebbe morto rapidamente e gravemente.

そのような適応力がなければ、彼はすぐにひどい死を遂げていたでしょう。

Segnò anche il crollo della sua natura morale e dei suoi valori passati.

それはまた、彼の道徳心と過去の価値観の崩壊を意味した。

Nel Southland aveva vissuto secondo la legge dell'amore e della gentilezza.

サウスランドでは、彼は愛と優しさの法則の下で暮らしていた。

Lì aveva senso rispettare la proprietà e i sentimenti degli altri cani.

そこでは、財産や他の犬の感情を尊重することが理にかなっています。

Ma i Northland seguivano la legge del bastone e la legge della zanna.

しかし、ノースランドは棍棒の法則と牙の法則に従っていた。

Chiunque rispettasse i vecchi valori era uno sciocco e avrebbe fallito.

ここで古い価値観を尊重する者は愚かであり、失敗するだろう。

Buck non rifletté su tutto questo nella sua mente.

バックはこれらすべてを頭の中で推論したわけではなかった。

Era in forma e quindi si adattò senza pensarci due volte.

彼は健康だったので、考える必要もなく適応しました。

In tutta la sua vita non era mai fuggito da una rissa.

彼は生涯を通じて一度も戦いから逃げたことがなかった。

Ma la mazza di legno dell'uomo con il maglione rosso cambiò la regola.

しかし、赤いセーターを着た男の棍棒がそのルールを変えた。

Ora seguiva un codice più profondo e antico, inscritto nel suo essere.
今、彼は自分の中に刻み込まれた、より深く、より古い規範に従っていた。

Non rubava per piacere, ma per il dolore della fame.
彼は快楽のために盗んだのではなく、飢えの苦しみから盗んだのです。

Non rubava mai apertamente, ma rubava con astuzia e attenzione.
彼は決して公然と盗みを働いたことはなく、狡猾かつ慎重に盗みを働いた。

Agì per rispetto verso la clava di legno e per paura delle zanne.
彼は木の棍棒への敬意と牙への恐怖から行動した。

In breve, ha fatto ciò che era più facile e sicuro che non farlo.
つまり、彼は何もしないより簡単で安全なことをしたのです。

Il suo sviluppo, o forse il suo ritorno ai vecchi istinti, fu rapido.
彼の成長、あるいは昔の本能への回帰は速かった。

I suoi muscoli si indurirono fino a diventare forti come il ferro.
彼の筋肉は鉄のように硬くなったように感じた。

Non gli importava più del dolore, a meno che non fosse grave.
彼は、深刻な場合を除いて、痛みを気にしなくなった。

Divenne efficiente dentro e fuori, senza sprecare nulla.
彼は、まったく無駄をすることなく、内外ともに効率的になりました。

Poteva mangiare cose disgustose, marce o difficili da digerire.
彼は、不味いもの、腐ったもの、消化しにくいものを食べることができました。

Qualunque cosa mangiasse, il suo stomaco ne sfruttava ogni singolo pezzetto di valore.
何を食べても、胃がその価値をすべて使い果たした。
Il suo sangue trasportava i nutrienti in tutto il suo potente corpo.
彼の血液は、その強力な体を通して栄養分を遠くまで運んだ。
Ciò gli ha permesso di sviluppare tessuti forti che gli hanno conferito un'incredibile resistenza.
これにより、強固な組織が構築され、信じられないほどの持久力が彼に与えられました。
La sua vista e il suo olfatto diventarono molto più sensibili di prima.
彼の視覚と嗅覚は以前よりもずっと敏感になりました。
Il suo udito diventò così acuto che riusciva a percepire anche i suoni più deboli durante il sonno.
彼の聴力は非常に鋭くなり、眠っている間にもかすかな音を聞き取れるようになった。
Nei sogni sapeva se quei suoni significavano sicurezza o pericolo.
彼は夢の中で、その音が安全を意味するのか危険を意味するのかを知っていた。
Imparò a mordere con i denti il ghiaccio tra le dita dei piedi.
彼は足の指の間の氷を歯で噛むことを覚えた。
Se una pozza d'acqua si ghiacciava, lui rompeva il ghiaccio con le gambe.
もし水たまりが凍ってしまったら、彼は足で氷を砕いたでしょう。
Si impennò e colpì duramente il ghiaccio con gli arti anteriori rigidi.
彼は立ち上がって、硬くなった前肢で氷を強く打ち付けた。
La sua abilità più sorprendente era quella di prevedere i cambiamenti del vento durante la notte.
彼の最も目覚ましい能力は、一晩で風の変化を予測することだった。

Anche quando l'aria era immobile, sceglieva luoghi riparati dal vento.
空気が静止しているときでも、彼は風が当たらない場所を選んだ。
Ovunque scavasse il nido, il vento del giorno dopo lo superava.
彼がどこに巣を掘っても、翌日の風は彼のそばを通り過ぎました。
Alla fine si ritrovava sempre al sicuro e protetto, al riparo dal vento.
彼はいつも風下側の心地よい場所にいて、守られていた。
Buck non solo imparò dall'esperienza: anche il suo istinto tornò.
バックは経験から学んだだけでなく、本能も戻りました。
Le abitudini delle generazioni addomesticate cominciarono a scomparire.
家畜化された世代の習慣が消え去り始めました。
Ricordava vagamente i tempi antichi della sua razza.
彼は漠然と、自分の種族の太古の時代を思い出した。
Ripensò a quando i cani selvatici correvano in branco nelle foreste.
彼は野生の犬が群れをなして森の中を走り回っていた時代を思い出した。
Avevano inseguito e ucciso la loro preda mentre la inseguivano.
彼らは追いかけながら獲物を殺したのです。
Per Buck fu facile imparare a combattere con forza e velocità.
バックにとって、歯とスピードを使って戦う方法を学ぶのは簡単でした。
Come i suoi antenati, usava tagli, squarci e schiocchi rapidi.
彼は先祖と同じように、カット、スラッシュ、素早いスナップを使用しました。
Quegli antenati si risvegliarono in lui e risvegliarono la sua natura selvaggia.

それらの祖先は彼の中で揺さぶられ、彼の野性的な性質を目覚めさせた。
Le loro vecchie abilità gli erano state trasmesse attraverso la linea di sangue.
彼らの古い技術は血統を通じて彼に受け継がれていた。
Ora i loro trucchi erano suoi, senza bisogno di pratica o sforzo.
練習も努力も必要なく、彼らの技は今や彼のものとなった。

Nelle notti fredde e tranquille, Buck sollevava il naso e ululò.
静かで寒い夜には、バックは鼻を上げて遠吠えしました。
Ululò a lungo e profondamente, come facevano i lupi tanto tempo fa.
彼は、昔の狼がしていたように、長く深い遠吠えをした。
Attraverso di lui, i suoi antenati defunti puntarono il naso e ululavano.
彼を通して、死んだ先祖たちが鼻先を突き出して吠えた。
Hanno ululato attraverso i secoli con la sua voce e la sua forma.
彼らは彼の声と姿で何世紀にもわたって吠え続けた。
Le sue cadenze erano le loro, vecchi gridi che parlavano di dolore e di freddo.
彼の声は彼女たちの声と同じで、悲しみと寒さを物語る古い叫び声だった。
Cantavano dell'oscurità, della fame e del significato dell'inverno.
彼らは暗闇、飢え、そして冬の意味について歌いました。
Buck ha dimostrato come la vita sia plasmata da forze che vanno oltre noi stessi,

バックは、人生が自分を超えた力によって形作られることを証明した。
l'antico canto risuonò nelle vene di Buck e si impadronì della sua anima.
古代の歌がバックの体内に響き渡り、彼の魂を捕らえた。
Ritrovò se stesso perché gli uomini avevano trovato l'oro nel Nord.
北で人々が金を発見したおかげで、彼は自分自身を見つけたのです。
E lo trovò perché Manuel, l'aiutante giardiniere, aveva bisogno di soldi.
そして、庭師の助手であるマヌエルがお金を必要としていたため、彼は自分自身を見つけました。

La Bestia Primordiale Dominante
支配的な原始の獣

La bestia primordiale dominante era più forte che mai in Buck.
支配的な原始の獣はバックの中で相変わらず強かった。
Ma la bestia primordiale dominante era rimasta dormiente in lui.
しかし、支配的な原始の獣は彼の中に眠っていた。
La vita sui sentieri era dura, ma rafforzava la bestia che era in Buck.
トレイルでの生活は過酷だったが、それがバックの内なる野獣を強くした。
Segretamente la bestia diventava sempre più forte ogni giorno.
秘密裏に、獣は日に日に強くなっていった。
Ma quella crescita interiore è rimasta nascosta al mondo esterno.
しかし、その内面的な成長は外の世界には隠されたままでした。
Una forza primordiale calma e silenziosa si stava formando dentro Buck.
静かで穏やかな原始的な力がバックの体内に形成されつつあった。
Una nuova astuzia diede a Buck equilibrio, calma e compostezza.
新たな狡猾さにより、バックはバランス、冷静な制御、そして落ち着きを取り戻した。
Buck si concentrò molto sull'adattamento, senza mai sentirsi completamente rilassato.
バックは完全にリラックスすることなく、適応することに全力を尽くしました。
Evitava i conflitti, non iniziava mai litigi e non cercava mai guai.
彼は争いを避け、決して喧嘩を始めたり、トラブルを起こそうとしたりしなかった。

Ogni mossa di Buck era scandita da una riflessione lenta e costante.
ゆっくりとした着実な思慮深さがバックのあらゆる行動を形作った。
Evitava scelte avventate e decisioni improvvise e sconsiderate.
彼は軽率な選択や突然の無謀な決断を避けた。
Sebbene Buck odiasse profondamente Spitz, non gli mostrò alcuna aggressività.
バックはスピッツをひどく憎んでいたが、スピッツに対して攻撃的な態度は見せなかった。
Buck non provocò mai Spitz e mantenne le sue azioni moderate.
バックはスピッツを決して刺激せず、行動を抑制した。
Spitz, d'altro canto, percepì il pericolo crescente in Buck.
一方、スピッツはバックの危険が増大していることを感じ取った。
Vedeva Buck come una minaccia e una seria sfida al suo potere.
彼はバックを脅威であり、自分の権力に対する重大な挑戦者だとみなした。
Coglieva ogni occasione per ringhiare e mostrare i suoi denti aguzzi.
彼はあらゆる機会を利用して唸り声をあげ、鋭い歯を見せた。
Stava cercando di dare inizio allo scontro mortale che sarebbe dovuto avvenire.
彼は、これから起こるであろう致命的な戦いを始めようとしていた。
All'inizio del viaggio, tra loro scoppiò quasi una lite.
旅行の初めに、彼らの間に喧嘩が起こりそうになった。
Ma un incidente inaspettato impedì che il combattimento avesse luogo.
しかし予期せぬ事故により、戦いは中止となった。
Quella sera si accamparono sul gelido lago Le Barge.

その夜、彼らは極寒のル・バージ湖にキャンプを設営した。
La neve cadeva fitta e il vento era tagliente come una lama.
雪は激しく降り、風はナイフのように切れた。
La notte era scesa troppo in fretta e l'oscurità li aveva avvolti.
夜はあっという間に来て、暗闇が彼らを包みました。
Difficilmente avrebbero potuto scegliere un posto peggiore per riposare.
彼らが休息のために選んだ場所は、これより悪い場所ではなかったでしょう。
I cani cercavano disperatamente un posto dove sdraiarsi.
犬たちは横になれる場所を必死に探しました。
Dietro il piccolo gruppo si ergeva un'alta parete rocciosa.
小さな集団の後ろには、高い岩壁がそびえ立っていました。
Per alleggerire il carico, la tenda era stata lasciata a Dyea.
荷物を軽くするためにテントはダイアに残しておいた。
Non avevano altra scelta che accendere il fuoco direttamente sul ghiaccio.
彼らには氷の上で火を起こすしか選択肢がなかった。
Stendevano i loro accappatoi direttamente sul lago ghiacciato.
彼らは凍った湖の上に直接寝間着を広げました。
Qualche pezzo di legno galleggiante dava loro un po' di fuoco.
流木を数本入れると、少し火がつきました。
Ma il fuoco è stato acceso sul ghiaccio e attraverso di esso si è scongelato.
しかし、火は氷の上で起こり、氷を通して溶けていきました。
Alla fine cenarono al buio.
結局、彼らは暗闇の中で夕食を食べていた。
Buck si rannicchiò accanto alla roccia, al riparo dal vento freddo.
雄鹿は冷たい風から身を守るために岩の横で丸くなっていた。

Il posto era così caldo e sicuro che Buck non voleva andarsene.
その場所はとても暖かくて安全だったので、バックはそこから離れることを嫌がりました。

Ma François aveva scaldato il pesce e stava distribuendo le razioni.
しかしフランソワは魚を温めて食料を配っていた。

Buck finì di mangiare in fretta e tornò a letto.
バックは急いで食事を終え、ベッドに戻りました。

Ma Spitz ora giaceva dove Buck aveva preparato il suo letto.
しかしスピッツは今、バックが寝床を作った場所に横たわっていた。

Un ringhio basso avvertì Buck che Spitz si rifiutava di muoversi.
低い唸り声でバックはスピッツが動くことを拒否していることを警告した。

Finora Buck aveva evitato lo scontro con Spitz.
これまで、バックはスピッツとのこの戦いを避けてきた。

Ma nel profondo di Buck la bestia alla fine si liberò.
しかし、バックの心の奥底では、ついに獣が暴走した。

Il furto del suo posto letto era troppo da tollerare.
寝る場所を盗まれたことは耐え難いことだった。

Buck si lanciò contro Spitz, pieno di rabbia e furore.
バックは怒りと激怒に満ちてスピッツに向かって突進した。

Fino a quel momento Spitz aveva pensato che Buck fosse solo un grosso cane.
これまでスピッツはバックがただの大きな犬だと思っていた。

Non pensava che Buck fosse sopravvissuto grazie al suo spirito.
彼はバックが精神を通じて生き残ったとは思わなかった。

Si aspettava paura e codardia, non furia e vendetta.
彼は怒りや復讐ではなく、恐怖と臆病を予想していた。

François rimase a guardare mentre entrambi i cani schizzavano fuori dal nido in rovina.
フランソワは、2匹の犬が壊れた巣から飛び出すのを見つめた。
Capì subito cosa aveva scatenato quella violenta lotta.
彼はすぐにこの激しい争いの始まりが何であったかを理解した。
"Aa-ah!" gridò François in sostegno del cane marrone.
「あーあ！」フランソワは茶色の犬を応援するように叫びました。
"Dategli una bella lezione! Per Dio, punite quel ladro furbo!"
「ぶちのめしてやる！神に誓って、あの卑劣な泥棒を罰せよ！」
Spitz dimostrò altrettanta prontezza e fervore nel combattere.
スピッツも同様の覚悟と激しい戦闘意欲を示した。
Gridò di rabbia mentre girava velocemente in tondo, cercando un varco.
彼は怒りに叫びながら、素早く旋回し、隙を探した。
Buck mostrò la stessa fame di combattere e la stessa cautela.
バックは、同じ戦いへの渇望と、同じ警戒心を示した。
Anche lui girò intorno al suo avversario, cercando di avere la meglio nella battaglia.
彼はまた、戦いで優位に立とうとして、敵の周りを回りました。
Poi accadde qualcosa di inaspettato e cambiò tutto.
それから予期せぬ出来事が起こり、すべてが変わりました。
Quel momento ritardò l'eventuale lotta per la leadership.
その瞬間が、リーダーシップをめぐる最終的な戦いを遅らせた。
Ci sarebbero ancora molti chilometri di sentiero e di lotta da percorrere prima della fine.
終わりまでにはまだ何マイルもの道のりと苦労が待っていた。

Perrault urlò un'imprecazione mentre una mazza colpiva l'osso.
棒が骨に打ち付けられると、ペローは罵声を浴びせた。
Seguì un acuto grido di dolore, poi il caos esplose tutt'intorno.
鋭い痛みの叫び声が続き、周囲に大混乱が広がりました。
Forme scure si muovevano nell'accampamento: husky selvatici, affamati e feroci.
キャンプに暗い影が動いていた。飢えて獰猛な野生のハスキー犬だ。
Quattro o cinque dozzine di husky avevano fiutato l'accampamento da molto lontano.
4、50匹のハスキー犬が遠くからキャンプの匂いを嗅ぎ回っていた。
Si erano introdotti furtivamente mentre i due cani litigavano lì vicino.
二匹の犬が近くで喧嘩している間に、彼らは静かに忍び寄っていた。
François e Perrault si lanciarono all'attacco, colpendo con i manganelli gli invasori.
フランソワとペローは侵入者に向かって棒を振り回しながら突撃した。
Gli husky affamati mostrarono i denti e si dibatterono freneticamente.
飢えたハスキー犬たちは歯をむき出しにして狂乱して反撃した。
L'odore della carne e del pane li aveva fatti superare ogni paura.
肉とパンの匂いが彼らをすべての恐怖から駆り立てた。
Perrault picchiò un cane che aveva nascosto la testa nella buca delle vivande.
ペローは餌箱に頭を埋めていた犬を殴った。

Il colpo fu violento e la scatola si ribaltò, facendo fuoriuscire il cibo.
衝撃は強く、箱はひっくり返り、食べ物がこぼれ落ちた。
Nel giro di pochi secondi, una ventina di bestie feroci si avventarono sul pane e sulla carne.
数秒のうちに、数十頭の野獣がパンと肉を食い破りました。
I bastoni degli uomini sferrarono un colpo dopo l'altro, ma nessun cane si allontanò.
男たちは棍棒で次々と打撃を与えたが、犬は一匹も逃げなかった。
Urlavano di dolore, ma continuarono a lottare finché non rimase più cibo.
彼らは痛みに叫びましたが、食べ物がなくなるまで戦いました。
Nel frattempo i cani da slitta erano saltati giù dalle loro culle innevate.
その間に、そり犬たちは雪のベッドから飛び降りた。
Furono immediatamente attaccati dai feroci e affamati husky.
彼らはすぐに凶暴な空腹のハスキー犬に襲われました。
Buck non aveva mai visto prima creature così selvagge e affamate.
バックはこれまで、このような荒々しく飢えた生き物を見たことがなかった。
La loro pelle pendeva flaccida, nascondendo a malapena lo scheletro.
彼らの皮膚は垂れ下がり、かろうじて骨格を隠しているだけだった。
C'era un fuoco nei loro occhi, per fame e follia
飢えと狂気から彼らの目には炎が燃えていた
Non c'era modo di fermarli, di resistere al loro assalto selvaggio.
彼らを止めることはできず、彼らの猛烈な突進に抵抗することもできなかった。

I cani da slitta vennero spinti indietro e premuti contro la parete della scogliera.
そり犬たちは押し戻され、崖の壁に押しつけられた。
Tre husky attaccarono Buck contemporaneamente, lacerandogli la carne.
3匹のハスキー犬が一度にバックを襲い、彼の肉を引き裂いた。
Il sangue gli colava dalla testa e dalle spalle, dove era stato tagliato.
頭と肩の切り傷からは血が流れ出た。
Il rumore riempì l'accampamento: ringhi, guaiti e grida di dolore.
うなり声、悲鳴、苦痛の叫びなど、騒音がキャンプに響き渡った。
Billee pianse forte, come al solito, presa dal panico e dalla mischia.
ビリーは騒動とパニックに巻き込まれ、いつものように大声で泣きました。
Dave e Solleks rimasero fianco a fianco, sanguinanti ma con aria di sfida.
デイブとソレックスは血を流しながらも反抗的に並んで立っていた。
Joe lottava come un demonio, mordendo tutto ciò che gli si avvicinava.
ジョーは近づくものすべてに噛みつき、悪魔のように戦いました。
Con un violento schiocco di mascelle schiacciò la zampa di un husky.
彼は、一噛みの残忍な行為でハスキー犬の足を押し潰した。
Pike saltò sull'husky ferito e gli ruppe il collo all'istante.
パイクは負傷したハスキー犬に飛びかかり、一瞬でその首を折った。
Buck afferrò un husky per la gola e gli strappò la vena.
バックはハスキー犬の喉を掴み、静脈を引き裂いた。

Il sangue schizzò e il sapore caldo mandò Buck in delirio.
血が飛び散り、その温かい味がバックを狂乱させた。
Si lanciò contro un altro aggressore senza esitazione.
彼はためらうことなく別の襲撃者に突進した。
Nello stesso momento, denti aguzzi si conficcarono nella gola di Buck.
同時に、鋭い歯がバック自身の喉に食い込んだ。
Spitz aveva colpito di lato, attaccando senza preavviso.
スピッツは警告なしに側面から攻撃した。
Perrault e François avevano sconfitto i cani rubando il cibo.
ペローとフランソワは食べ物を盗んでいた犬を倒した。
Ora si precipitarono ad aiutare i loro cani a respingere gli aggressori.
今、彼らは犬たちが攻撃者と戦うのを手伝うために急いで駆けつけました。
I cani affamati si ritirarono mentre gli uomini roteavano i loro manganelli.
男たちが棍棒を振り回すと、飢えた犬たちは退散した。
Buck riuscì a liberarsi dall'attacco, ma la fuga fu breve.
バックは攻撃から逃れたが、逃走は短時間だった。
Gli uomini corsero a salvare i loro cani e gli husky tornarono ad attaccarli.
男たちは犬を救おうと走り、ハスキー犬たちは再び群がってきた。
Billee, spaventato e coraggioso, si lanciò nel branco di cani.
ビリーは恐怖を感じながらも勇気を出して、犬の群れの中に飛び込んだ。
Ma poi fuggì attraverso il ghiaccio, in preda al terrore e al panico.
しかし、彼は激しい恐怖とパニックに陥り、氷の上を逃げ去った。
Pike e Dub li seguirono da vicino, correndo per salvarsi la vita.
パイクとダブもすぐ後ろを追って、命からがら逃げた。
Il resto della squadra si disperse e li inseguì.
チームの残りも散り散りになり、彼らの後を追った。

Buck raccolse le forze per correre, ma poi vide un lampo.
バックは逃げようと力を振り絞ったが、その時閃光を見た。
Spìtz si lanciò verso Buck, cercando di buttarlo a terra.
スピッツはバックの横に突進し、彼を地面に倒そうとした。
Sotto quella banda di husky, Buck non avrebbe avuto scampo.
あのハスキー犬の群れの下では、バックは逃げることができなかっただろう。
Ma Buck rimase fermo e si preparò al colpo di Spitz.
しかしバックは毅然とした態度でスピッツの攻撃に備えた。
Poi si voltò e corse sul ghiaccio con la squadra in fuga.
それから彼は向きを変え、逃げるチームとともに氷の上に走り出した。

Più tardi i nove cani da slitta si radunarono al riparo del bosco.
その後、9頭のそり犬たちは森の避難所に集まりました。
Nessuno li inseguiva più, ma erano malconci e feriti.
もう誰も彼らを追いかけなかったが、彼らは打ちのめされ、傷ついた。
Ogni cane presentava delle ferite: quattro o cinque tagli profondi su ogni corpo.
どの犬にも傷があり、体には4、5箇所の深い切り傷がありました。
Dub aveva una zampa posteriore ferita e ora faceva fatica a camminare.
ダブは後ろ足を負傷し、歩くのに苦労していました。
Dolly, l'ultimo cane arrivato da Dyea, aveva la gola tagliata.
ダイアから来たばかりの犬、ドリーの喉は切り裂かれていた。
Joe aveva perso un occhio e l'orecchio di Billee era stato tagliato a pezzi

ジョーは片目を失い、ビリーの耳は切り裂かれていた

Tutti i cani piansero per il dolore e la sconfitta durante la notte.

犬たちは皆、痛みと敗北感に一晩中泣き叫んでいた。

All'alba tornarono lentamente all'accampamento, doloranti e distrutti.

夜明けになると、彼らは痛みと疲労を抱えながらキャンプ地へと忍び戻った。

Gli husky erano scomparsi, ma il danno era fatto.

ハスキー犬は姿を消したが、被害はすでにあった。

Perrault e François erano di pessimo umore e osservavano le rovine.

ペローとフランソワは、不機嫌な気持ちで廃墟の上に立っていた。

Metà del cibo era sparito, rubato dai ladri affamati.

食べ物の半分は空腹の泥棒に奪われてしまいました。

Gli husky avevano strappato le corde e la tela della slitta.

ハスキー犬はそりのつなぎ目と帆布を引き裂いてしまった。

Tutto ciò che aveva odore di cibo era stato divorato completamente.

食べ物の匂いのするものは、すべて食べ尽くされていました。

Mangiarono un paio di stivali da viaggio in pelle di alce di Perrault.

彼らはペローのヘラジカ皮の旅行用ブーツを一足食べました。

Hanno masticato le pelli e rovinato i cinturini rendendoli inutilizzabili.

彼らは革のレイスを噛み砕き、ストラップを使えないほどダメにしてしまった。

François smise di fissare la frusta strappata per controllare i cani.

フランソワは引き裂かれたまつげを見つめるのをやめて、犬たちの様子を確認した。

«Ah, amici miei», disse con voce bassa e preoccupata.

「ああ、友人たちよ」と彼は低い声で、心配そうに言った。
"Forse tutti questi morsi vi trasformeranno in bestie pazze."
「この噛み傷であなたは狂った獣に変身してしまうかもしれないよ。」
"Forse tutti cani rabbiosi, sacredam! Che ne pensi, Perrault?"
「もしかしたら、みんな狂犬かもしれないよ、聖なる者よ！どう思う、ペロー？」
Perrault scosse la testa, con gli occhi scuri per la preoccupazione e la paura.
ペローは心配と恐怖で暗い目で首を振った。
C'erano ancora quattrocento miglia tra loro e Dawson.
彼らとドーソンの間にはまだ400マイルの距離があった。
La follia dei cani potrebbe ormai distruggere ogni possibilità di sopravvivenza.
今や犬の狂気は生存の可能性をすべて破壊する恐れがある。
Hanno passato due ore a imprecare e a cercare di riparare l'attrezzatura.
彼らは2時間も罵りながらギアを修理しようとした。
La squadra ferita alla fine lasciò l'accampamento, distrutta e sconfitta.
負傷したチームはついに打ちのめされ、敗北した状態でキャンプを去った。
Questo è stato il sentiero più duro finora e ogni passo è stato doloroso.
これはこれまでで最も困難な道であり、一歩一歩が苦痛でした。
Il fiume Thirty Mile non era ghiacciato e scorreva impetuoso.
サーティーマイル川はまだ凍っておらず、激しく流れていた。
Soltanto nei punti calmi e nei vortici il ghiaccio riusciva a resistere.
氷は、静かな場所と渦巻く場所でのみ保持されました。

Trascorsero sei giorni di duro lavoro per percorrere le trenta miglia.
30マイルを終えるまでに6日間の重労働が続いた。
Ogni miglio del sentiero porta con sé pericoli e minacce di morte.
道の1マイルごとに危険と死の脅威が伴いました。
Uomini e cani rischiavano la vita a ogni passo doloroso.
男たちと犬たちは、痛みを伴う一歩ごとに命を危険にさらした。
Perrault riuscì a superare i sottili ponti di ghiaccio una dozzina di volte.
ペローは薄い氷の橋を12回も突破した。
Prese un palo e lo lasciò cadere nel buco creato dal suo corpo.
彼は棒を持って、自分の体が作った穴の上にそれを落としました。
Quel palo salvò Perrault più di una volta dall'annegamento.
その棒はペローを何度も溺死から救った。
L'ondata di freddo persisteva, la temperatura era di cinquanta gradi sotto zero.
寒波は依然として続き、気温は零下50度だった。
Ogni volta che cadeva, Perrault era costretto ad accendere un fuoco per sopravvivere.
落ちるたびに、ペローは生き残るために火を起こさなければならなかった。
Gli abiti bagnati si congelavano rapidamente, perciò li faceva asciugare vicino al calore cocente.
濡れた衣類はすぐに凍ってしまうので、炎天下で乾かしました。
Perrault non provava mai paura, e questo faceva di lui un corriere.
ペローには決して恐怖心はなかった、それが彼を伝令にしたのだ。
Fu scelto per affrontare il pericolo e lo affrontò con silenziosa determinazione.
彼は危険に選ばれ、静かな決意でそれに立ち向かった。

Si spinse in avanti controvento, con il viso raggrinzito e congelato.
彼はしわくちゃの顔を凍傷にしながら、風に向かって突き進んだ。

Perrault li guidò in avanti dall'alba al tramonto.
かすかな夜明けから夜まで、ペローは彼らを先導した。

Camminava sul ghiaccio sottile che scricchiolava a ogni passo.
彼は、一歩ごとにひび割れる狭い氷の上を歩いた。

Non osavano fermarsi: ogni pausa rischiava di provocare un crollo mortale.
彼らは立ち止まることを敢えてしなかった。一時停止するたびに致命的な崩壊の危険があった。

Una volta la slitta si ruppe, trascinando dentro Dave e Buck.
ある時、そりが突っ込んできて、デイブとバックを引きずり込んだ。

Quando furono liberati, entrambi erano quasi congelati.
引きずり出されても、二人とも凍り付いている状態だった。

Gli uomini accesero rapidamente un fuoco per salvare Buck e Dave.
男たちはバックとデイブの命を救うために急いで火を起こした。

I cani erano ricoperti di ghiaccio dal naso alla coda, rigidi come legno intagliato.
犬たちは鼻から尾まで氷で覆われ、彫刻された木のように硬くなっていた。

Gli uomini li fecero correre in cerchio vicino al fuoco per scongelarne i corpi.
男たちは彼らの体を解凍するために火のそばで彼らを円を描くように走らせた。

Si avvicinarono così tanto alle fiamme che la loro pelliccia rimase bruciacchiata.
彼らは炎に非常に近づいたため、毛皮が焦げてしまいました。

Spitz ruppe poi il ghiaccio, trascinando dietro di sé la squadra.
次にスピッツが氷を突き破り、後ろのチームを引きずり込んだ。
La frenata arrivava fino al punto in cui Buck stava tirando.
ブレーキはバックが引っ張っていたところまで届きました。
Buck si appoggiò bruscamente allo schienale, con le zampe che scivolavano e tremavano sul bordo.
バックは力強く後ろに傾き、端で足が滑り震えた。
Anche Dave si sforzò all'indietro, proprio dietro Buck sulla linea.
デイブもまた、ライン上のバックのすぐ後ろで後ろに力を入れました。
François tirava la slitta e i suoi muscoli scricchiolavano per lo sforzo.
フランソワはそりを引っ張ったが、その努力で筋肉がポキポキと音を立てた。
Un'altra volta, il ghiaccio del bordo si è crepato davanti e dietro la slitta.
また別の時には、そりの前と後ろの縁の氷が割れました。
Non avevano altra via d'uscita se non quella di arrampicarsi su una parete ghiacciata.
彼らには凍った崖を登る以外に逃げ道がなかった。
In qualche modo Perrault riuscì a scalare il muro: un miracolo lo tenne in vita.
ペローはなんとか壁を登り、奇跡的に生き延びた。
François rimase sottocoperta, pregando che gli capitasse la stessa fortuna.
フランソワは下に留まり、同じ幸運を祈った。
Legarono ogni cinghia, legatura e tirante in un'unica lunga corda.
彼らは、すべてのストラップ、縛り紐、ひもを1本の長いロープに結びました。
Gli uomini trascinarono i cani uno alla volta fino in cima.

男たちは犬を一匹ずつ、頂上まで引き上げた。
François salì per ultimo, dopo la slitta e tutto il carico.
フランソワはそりと荷物全体を引いて最後に登りました。

Poi iniziò una lunga ricerca di un sentiero che scendesse dalle scogliere.
それから崖から下る道を探す長い旅が始まりました。

Alla fine scesero utilizzando la stessa corda che avevano costruito.
彼らは最終的に自分たちが作ったのと同じロープを使って下山しました。

Scese la notte mentre tornavano al letto del fiume, esausti e doloranti.
彼らが疲れて痛みを抱えながら川床に戻ると、夜が明けた。

Avevano impiegato un giorno intero per percorrere solo un quarto di miglio.
わずか4分の1マイル進むのに丸一日かかってしまった。

Quando giunsero all'Hootalinqua, Buck era sfinito.
フータリンクアに到着する頃には、バックは疲れ果てていた。

Anche gli altri cani soffrivano le stesse condizioni del sentiero.
他の犬たちもトレイルの状況によって同じようにひどい苦しみを味わいました。

Ma Perrault aveva bisogno di recuperare tempo e li spingeva avanti giorno dopo giorno.
しかし、ペローは時間を回復する必要があり、毎日彼らを奮い立たせました。

Il primo giorno percorsero trenta miglia fino a Big Salmon.
最初の日、彼らはビッグサーモンまで30マイル旅しました。

Il giorno dopo percorsero trentacinque miglia fino a Little Salmon.
翌日、彼らはリトルサーモンまで35マイル旅した。

Il terzo giorno percorsero quaranta miglia ghiacciate.

3日目に彼らは40マイルの長い凍った道を進んだ。
A quel punto si stavano avvicinando all'insediamento di Five Fingers.
そのころには、彼らはファイブ・フィンガーズの集落に近づいていた。

I piedi di Buck erano più morbidi di quelli duri degli husky autoctoni.
バックの足は、在来種のハスキー犬の硬い足よりも柔らかかった。
Le sue zampe erano diventate tenere nel corso di molte generazioni civilizzate.
彼の足は、文明化されてから何世代にもわたって柔らかくなっていました。
Molto tempo fa, i suoi antenati erano stati addomesticati dagli uomini del fiume o dai cacciatori.
昔、彼の先祖は川の民や狩人によって飼いならされていました。
Ogni giorno Buck zoppicava per il dolore, camminando con le zampe screpolate e doloranti.
バックは毎日、痛みに苦しみながら、傷ついた足を引きずりながら歩いていた。
Giunto all'accampamento, Buck cadde come un corpo senza vita sulla neve.
キャンプ地では、バックは雪の上に死んだように倒れていた。
Sebbene fosse affamato, Buck non si alzò per consumare il pasto serale.
空腹であったにもかかわらず、バックは夕食を食べるために起き上がりませんでした。
François portò la sua razione a Buck, mettendogli del pesce vicino al muso.
フランソワはバックの鼻先に魚を置きながら、食料を運んできた。
Ogni notte l'autista massaggiava i piedi di Buck per mezz'ora.

毎晩、運転手はバックの足を30分間マッサージした。
François arrivò persino a tagliare i suoi mocassini per farne delle calzature per cani.
フランソワは犬用の履物を作るために自分のモカシンを切り刻むことさえしました。
Quattro scarpe calde diedero a Buck un grande e gradito sollievo.

4

足の暖かい靴はバックにとって大きな、ありがたい安らぎをもたらしました。
Una mattina François dimenticò le scarpe e Buck si rifiutò di alzarsi.
ある朝、フランソワは靴を忘れてしまい、バックは起きようとしませんでした。
Buck giaceva sulla schiena, con i piedi in aria, e li agitava in modo pietoso.
バックは仰向けに横たわり、足を空中に上げて哀れそうに振り回していた。
Persino Perrault sorrise alla vista dell'appello drammatico di Buck.
ペローでさえ、バックの劇的な嘆願を見て笑みを浮かべた。
Ben presto i piedi di Buck diventarono duri e le scarpe poterono essere tolte.
すぐにバックの足は硬くなり、靴は捨てられるようになりました。
A Pelly, durante il periodo in cui veniva imbrigliata, Dolly emise un ululato terribile.
ペリーでは、ハーネスを着けている間、ドリーは恐ろしい遠吠えを上げました。
Il grido era lungo e pieno di follia, e fece tremare tutti i cani.
その叫び声は長く、狂気に満ちており、すべての犬を震え上がらせた。
Ogni cane si rizzava per la paura, senza capirne il motivo.
どの犬も理由もわからず恐怖に震えていた。
Dolly era impazzita e si era scagliata contro Buck.

ドリーは気が狂って、まっすぐにバックに向かって突進した。
Buck non aveva mai visto la follia, ma l'orrore gli riempì il cuore.
バックは狂気を見たことがなかったが、恐怖が彼の心を満たした。
Senza pensarci due volte, si voltò e fuggì in preda al panico più assoluto.
彼は何も考えずに、パニックに陥り、振り返って逃げ出した。
Dolly lo inseguì, con gli occhi selvaggi e la saliva che le colava dalle fauci.
ドリーは目を輝かせ、口からよだれを飛ばしながら彼を追いかけました。
Si tenne sempre dietro a Buck, senza mai guadagnare terreno e senza mai indietreggiare.
彼女はバックのすぐ後ろを走り続け、追いつくことも後退することもなかった。
Buck corse attraverso i boschi, giù per l'isola, sul ghiaccio frastagliato.
バックは森を抜け、島を下り、ギザギザの氷の上を走った。
Attraversò un'isola, poi un'altra, per poi tornare indietro verso il fiume.
彼は一つの島へ渡り、それからまた別の島へ渡り、川へ戻っていった。
Dolly continuava a inseguirlo, ringhiando sempre più forte a ogni passo.
それでもドリーはうなり声をあげながら一歩一歩彼を追いかけ続けた。
Buck poteva sentire il suo respiro e la sua rabbia, anche se non osava voltarsi indietro.
バックは彼女の息づかいや怒りの声が聞こえたが、振り返る勇気はなかった。
François gridò da lontano e Buck si voltò verso la voce.

フランソワが遠くから叫び、バックはその声の方へ振り返った。
Ancora senza fiato, Buck corse oltre, riponendo ogni speranza in François.
まだ息を切らしながら、バックはフランソワにすべての希望を託して走り去った。
Il conducente del cane sollevò un'ascia e aspettò che Buck gli passasse accanto.
犬の御者は斧を掲げて、雄鹿が通り過ぎるのを待った。
L'ascia calò rapidamente e colpì la testa di Dolly con forza mortale.
斧は素早く振り下ろされ、致命的な力でドリーの頭を打ちました。
Buck crollò vicino alla slitta, ansimando e incapace di muoversi.
バックはそりの近くで倒れ、ゼーゼーと息を切らして動けなくなった。
Quel momento diede a Spitz la possibilità di colpire un nemico esausto.
その瞬間、スピッツは疲れ切った敵を攻撃するチャンスを得た。
Morse Buck due volte, strappandogli la carne fino all'osso bianco.
彼はバックを二度噛み、白い骨まで肉を引き裂いた。
La frusta di François schioccò, colpendo Spitz con tutta la sua forza, con furia.
フランソワの鞭が鳴り響き、猛烈な勢いでスピッツを襲った。
Buck guardò con gioia Spitz mentre riceveva il pestaggio più duro fino a quel momento.
バックはスピッツがこれまでで最もひどい殴打を受けるのを喜びながら見守った。
«È un diavolo, quello Spitz», borbottò Perrault tra sé e sé.
「あのスピッツは悪魔だ」ペローは暗い声で独り言を言った。

"Un giorno o l'altro, quel cane maledetto ucciderà Buck, lo giuro."

「近いうちに、あの呪われた犬がバックを殺すだろう。誓って。」

«Quel Buck ha due diavoli dentro di sé», rispose François annuendo.

「あのバックには悪魔が二ついるよ」フランソワはうなずきながら答えた。

"Quando osservo Buck, so che dentro di lui si cela qualcosa di feroce."

「バックを見ていると、彼の中に何か恐ろしいものが待ち受けていることが分かる。」

"Un giorno, si infurierà come il fuoco e farà a pezzi Spitz."

「ある日、彼は激怒してスピッツをバラバラに引き裂くだろう。」

"Masticherà quel cane e lo sputerà sulla neve ghiacciata."

「彼はその犬を噛み砕いて、凍った雪の上に吐き出すでしょう。」

"Certo, lo so fin nel profondo."

「確かに、私は骨の髄までそれを知っています。」

Da quel momento in poi, i due cani furono in guerra tra loro.

その瞬間から、二匹の犬は戦い始めた。

Spitz guidava la squadra e deteneva il potere, ma Buck lo sfidava.

スピッツはチームを率いて権力を握っていたが、バックはそれに挑戦した。

Spitz si rese conto che il suo rango era minacciato da questo strano straniero del Sud.

スピッツは、この奇妙な南国の異邦人によって自分の階級が脅かされていると感じた。

Buck era diverso da tutti i cani del sud che Spitz aveva conosciuto fino ad allora.

バックはスピッツがこれまで知っていたどの南部の犬とも違っていた。

La maggior parte di loro fallì: troppo deboli per sopravvivere al freddo e alla fame.

彼らのほとんどは失敗しました。寒さと飢えに耐えるには弱すぎたのです。

Morirono rapidamente a causa del lavoro, del gelo e del lento bruciare della carestia.
彼らは労働、寒さ、そして徐々に進行する飢餓によって急速に死んでいった。

Buck si distingueva: ogni giorno più forte, più intelligente e più selvaggio.
バックは際立っていた。日に日に強くなり、賢くなり、そして獰猛になっていった。

Ha prosperato nonostante le difficoltà, crescendo al pari degli husky del nord.
彼は困難を乗り越えて、北部のハスキー犬に匹敵するほどに成長した。

Buck era dotato di forza, abilità straordinaria e un istinto paziente e letale.
バックは力強さ、優れた技術、そして忍耐強い致命的な本能を持っていました。

L'uomo con la mazza aveva annientato Buck per fargli perdere la temerarietà.
棍棒を持った男はバックから無謀さを叩き出した。

La furia cieca se n'era andata, sostituita da un'astuzia silenziosa e dal controllo.
盲目的な怒りは消え、静かな狡猾さと制御が取って代わりました。

Attese, calmo e primordiale, in attesa del momento giusto.
彼は落ち着いて原始的な態度で、適切な瞬間を待ちました。

La loro lotta per il comando divenne inevitabile e chiara.
彼らの指揮権をめぐる争いは避けられず、明らかになった。

Buck desiderava la leadership perché il suo spirito la richiedeva.
バックは、彼の精神がリーダーシップを要求したため、リーダーシップを望んだ。

Era spinto da quello strano orgoglio che nasceva dal sentiero e dall'imbracatura.
彼は、道と馬具から生まれた奇妙なプライドによって突き動かされていた。
Quell'orgoglio faceva sì che i cani tirassero fino a crollare sulla neve.
そのプライドのせいで、犬たちは雪の上に倒れるまで引っ張った。
L'orgoglio li spinse a dare tutta la forza che avevano.
プライドが彼らを誘惑し、持てる力のすべてを捧げさせた。
L'orgoglio può trascinare un cane da slitta fino al punto di ucciderlo.
プライドは犬ぞりを死に至らしめることもある。
Perdere l'imbracatura rendeva i cani deboli e senza scopo.
ハーネスを失った犬たちは、壊れて目的を失ってしまいました。
Il cuore di un cane da slitta può essere spezzato dalla vergogna quando va in pensione.
そり犬は引退すると、恥ずかしさで心が押しつぶされてしまうことがあります。
Dave viveva con questo orgoglio mentre trascinava la slitta da dietro.
デイブはそりを後ろから引っ張りながら、その誇りを胸に生きていた。
Anche Solleks diede il massimo con cupa forza e lealtà.
ソレックスもまた、厳しい強さと忠誠心ですべてを捧げました。
Ogni mattina l'orgoglio li trasformava da amareggiati a determinati.
毎朝、プライドが彼らの苦々しい思いを決意に変えた。
Spinsero per tutto il giorno, poi tacquero una volta giunti alla fine dell'accampamento.
彼らは一日中押し続け、キャンプの終わりに沈黙した。
Quell'orgoglio diede a Spitz la forza di mettere in riga i fannulloni.

その誇りがスピッツに怠け者を従わせる強さを与えた。
Spitz temeva Buck perché Buck nutriva lo stesso profondo orgoglio.
バックもスピッツと同じ強いプライドを持っていたので、スピッツはバックを恐れていた。
L'orgoglio di Buck ora si agitò contro Spitz, ma lui non si fermò.
バックのプライドはスピッツに対して今や燃え上がり、止まらなかった。
Buck sfidò il potere di Spitz e gli impedì di punire i cani.
バックはスピッツの権力に逆らい、彼が犬を罰するのを阻止した。
Quando gli altri fallivano, Buck si frapponeva tra loro e il loro capo.
他の人たちが失敗したとき、バックは彼らと彼らのリーダーの間に立ちました。
Lo fece con intenzione, rendendo la sua sfida aperta e chiara.
彼は意図的にこれを実行し、自分の挑戦を公然と明確にしました。
Una notte una forte nevicata coprì il mondo in un profondo silenzio.
ある夜、大雪が降り、深い静寂が世界を覆いました。
La mattina dopo, Pike, pigro come sempre, non si alzò per andare al lavoro.
翌朝、相変わらず怠け者のパイクは仕事に起きなかった。
Rimase nascosto nel suo nido sotto uno spesso strato di neve.
彼は厚い雪の層の下の巣の中に隠れていた。
François gridò e cercò, ma non riuscì a trovare il cane.
フランソワは大声で叫びながら探しましたが、犬を見つけることはできませんでした。
Spitz si infuriò e si scagliò contro l'accampamento coperto di neve.
スピッツは激怒し、雪に覆われたキャンプを突撃した。

Ringhiò e annusò, scavando freneticamente con gli occhi fiammeggianti.
彼はうなり声をあげ、鼻をすすり、燃えるような目で狂ったように掘り続けた。
La sua rabbia era così violenta che Pike tremava sotto la neve per la paura.
彼の怒りは非常に激しく、パイクは雪の下で恐怖で震え上がった。
Quando finalmente Pike fu trovato, Spitz si lanciò per punire il cane nascosto.
パイクがようやく見つかったとき、スピッツは隠れている犬を罰するために突進しました。
Ma Buck si scagliò tra loro con una furia pari a quella di Spitz.
しかし、バックはスピッツに匹敵する激怒で彼らの間に飛び込んだ。
L'attacco fu così improvviso e astuto che Spitz cadde a terra.
その攻撃はあまりにも突然で巧妙だったので、スピッツは転倒してしまった。
Pike, che tremava, trasse coraggio da questa sfida.
震えていたパイクはこの反抗に勇気を得た。
Seguendo l'audace esempio di Buck, saltò sullo Spitz caduto.
彼はバックの大胆な例に倣い、倒れたスピッツに飛びかかった。
Buck, non più vincolato dall'equità, si unì allo sciopero di Spitz.
もはや公平さに縛られなくなったバックは、スピッツへの攻撃に加わった。
François, divertito ma fermo nella disciplina, agitò la sua pesante frusta.
フランソワは面白がりながらも規律を守り、重い鞭を振り回した。
Colpì Buck con tutta la sua forza per interrompere la rissa.
彼は喧嘩を止めるために全力でバックを殴った。
Buck si rifiutò di muoversi e rimase in groppa al capo caduto.

バックは動くことを拒否し、倒れたリーダーの上に留まりました。
François allora usò il manico della frusta e colpì Buck con violenza.
フランソワはその後、鞭の柄を使ってバックを激しく殴った。
Barcollando per il colpo, Buck cadde all'indietro sotto l'assalto.
打撃でよろめき、バックは攻撃を受けて後ろに倒れた。
François colpì più volte mentre Spitz puniva Pike.
スピッツがパイクに罰を与えている間、フランソワは何度も攻撃を続けた。

Passarono i giorni e Dawson City si avvicinava sempre di più.
日が経ち、ドーソン・シティはどんどん近づいてきました。
Buck continuava a intromettersi, infilandosi tra Spitz e gli altri cani.
バックはスピッツと他の犬の間に入り込み、邪魔をし続けました。
Sceglieva bene i suoi momenti, aspettando sempre che François se ne andasse.
彼はタイミングをうまく選び、常にフランソワが去るのを待っていた。
La ribellione silenziosa di Buck si diffuse e il disordine prese piede nella squadra.
バックの静かな反抗は広がり、チーム内に混乱が広がった。
Dave e Solleks rimasero leali, ma altri diventarono indisciplinati.
デイブとソレックスは忠実であり続けたが、他の者は手に負えなくなった。
La squadra peggiorò: divenne irrequieta, litigiosa e fuori luogo.

チームはますます悪化し、落ち着きがなく、口論が激しくなり、規律が乱れるようになりました。
Ormai niente filava liscio e le liti diventavano all'ordine del giorno.
何もかもがスムーズにいかなくなり、喧嘩が頻繁に起こるようになりました。
Buck rimase sempre al centro dei guai, provocando disordini.
バックは常に騒動の中心にいて、不安を引き起こし続けた。
François rimase vigile, temendo la lotta tra Buck e Spitz.
フランソワはバックとスピッツの戦いを恐れて警戒を続けた。
Ogni notte veniva svegliato da zuffe e temeva che finalmente fosse arrivato l'inizio.
毎晩、乱闘で目が覚め、ついに始まりが来たのではないかと不安になった。
Balzò fuori dalla veste, pronto a interrompere la rissa.
彼はローブから飛び降り、戦いを止める準備をした。
Ma il momento non arrivò mai e alla fine raggiunsero Dawson.
しかしその瞬間は来ず、彼らはついにドーソンに到着した。
La squadra entrò in città in un pomeriggio cupo, teso e silenzioso.
ある荒涼とした午後、チームは緊張と静寂に包まれながら町に入った。
La grande battaglia per la leadership era ancora sospesa nell'aria gelida.
主導権をめぐる大戦争の余韻がまだ凍り付いていた。
Dawson era piena di uomini e cani da slitta, tutti impegnati nel lavoro.
ドーソンには男たちとそり犬がいっぱいいて、皆仕事に忙しそうだった。
Buck osservava i cani trainare i carichi dalla mattina alla sera.

バックは朝から晩まで犬たちが荷物を引くのを見ていた。

Trasportavano tronchi e legna da ardere e spedivano rifornimenti alle miniere.

彼らは丸太や薪を運び、鉱山まで物資を輸送した。

Nel Southland, dove un tempo lavoravano i cavalli, ora lavoravano i cani.

かつて南部では馬が働いていたが、今では犬が働くようになった。

Buck vide alcuni cani provenienti dal Sud, ma la maggior parte erano husky simili a lupi.

バックは南部の犬を何匹か見かけたが、ほとんどはオオカミのようなハスキー犬だった。

Di notte, puntuali come un orologio, i cani alzavano la voce e cantavano.

夜になると、まるで時計仕掛けのように、犬たちは歌声を上げた。

Alle nove, a mezzanotte e di nuovo alle tre, il canto cominciò.

9時、真夜中、そして再び3時に歌が始まりました。

Buck amava unirsi al loro canto inquietante, selvaggio e antico nel suono.

バックは、荒々しく古風な響きを持つ彼らの不気味な詠唱に参加するのが大好きだった。

L'aurora fiammeggiava, le stelle danzavano e la neve ricopriva la terra.

オーロラが輝き、星が踊り、大地は雪に覆われました。

Il canto dei cani si elevava come un grido contro il silenzio e il freddo pungente.

犬の歌声は静寂と厳しい寒さに対する叫びとして響き渡った。

Ma il loro urlo esprimeva tristezza, non sfida, in ogni lunga nota.

しかし、彼らの遠吠えの一つ一つの長い音には、反抗心ではなく悲しみが込められていた。

Ogni lamento era pieno di supplica: il peso stesso della vita.

それぞれの泣き叫びは嘆願に満ちており、人生そのものの重荷でした。
Quella canzone era vecchia, più vecchia delle città e più vecchia degli incendi
その歌は古い。町よりも古く、火事よりも古い。
Quel canto era più antico perfino delle voci degli uomini.
その歌は人間の声よりもさらに古いものだった。
Era una canzone del mondo dei giovani, quando tutte le canzoni erano tristi.
それは、すべての歌が悲しいものだった若い世界の歌でした。
La canzone porta con sé il dolore di innumerevoli generazioni di cani.
その歌には数え切れない世代の犬たちの悲しみが込められていた。
Buck percepì profondamente la melodia, gemendo per un dolore radicato nei secoli.
バックはそのメロディーを深く感じ、何年にもわたる痛みにうめき声をあげた。
Singhiozzava per un dolore antico quanto il sangue selvaggio nelle sue vene.
彼は、自分の血管に流れる野生の血と同じくらい古い悲しみで泣きじゃくった。
Il freddo, l'oscurità e il mistero toccarono l'anima di Buck.
寒さ、暗さ、そして謎がバックの魂に触れた。
Quella canzone dimostrava quanto Buck fosse tornato alle sue origini.
その歌はバックがいかに原点に戻ったかを証明した。
Tra la neve e gli ululati aveva trovato l'inizio della sua vita.
雪と遠吠えを通して、彼は自分自身の人生の始まりを見つけた。

Sette giorni dopo l'arrivo a Dawson, ripartirono.
ドーソンに到着してから7日後、彼らは再び出発した。
La squadra si è lanciata dalla caserma fino allo Yukon Trail.
チームは兵舎からユーコントレイルへと下りました。

Iniziarono il viaggio di ritorno verso Dyea e Salt Water.
彼らはダイアとソルトウォーターへ戻る旅を始めました。

Perrault trasmise dispacci ancora più urgenti di prima.
ペローは以前よりもさらに緊急な伝言を伝えた。

Era anche preso dall'orgoglio per la corsa e puntava a stabilire un record.
彼はまた、トレイルでの誇りにとらわれ、記録樹立を目指しました。

Questa volta Perrault aveva diversi vantaggi.
今回は、ペロー側にいくつかの有利な点がありました。

I cani avevano riposato per un'intera settimana e avevano ripreso le forze.
犬たちは丸一週間休んで体力を回復しました。

La pista che avevano tracciato era ora battuta da altri.
彼らが切り開いた道は、今では他の人々によって固く踏み固められていた。

In alcuni punti la polizia aveva immagazzinato cibo sia per i cani che per gli uomini.
警察は場所によっては犬用と人間用の食料を備蓄していた。

Perrault viaggiava leggero, si muoveva velocemente e aveva poco a cui aggrapparsi.
ペローは荷物をほとんど持たずに、軽やかに、速く旅をしました。

La prima sera raggiunsero la Sixty-Mile, una corsa lunga 50 miglia.
彼らは初日の夜までに、50マイルの行程である60マイル地点に到達した。

Il secondo giorno risalirono rapidamente lo Yukon in direzione di Pelly.
2日目、彼らはユーコン川をペリーに向かって急いだ。

Ma questi grandi progressi comportarono anche molta fatica per François.
しかし、このような素晴らしい進歩はフランソワにとって大きな負担を伴いました。

La ribellione silenziosa di Buck aveva infranto la disciplina della squadra.
バックの静かな反抗はチームの規律を崩壊させた。
Non si univano più come un'unica bestia al comando.
彼らはもはや、一頭の獣のように手綱を握って協力し合うことはなかった。
Buck aveva spinto altri alla sfida con il suo coraggioso esempio.
バックはその大胆な例によって他の人々を反抗へと導いた。
L'ordine di Spitz non veniva più accolto con timore o rispetto.
スピッツの命令はもはや恐怖や尊敬の対象ではなくなった。
Gli altri persero ogni timore reverenziale nei suoi confronti e osarono opporsi al suo governo.
他の人々は彼に対する畏敬の念を失い、あえて彼の支配に抵抗した。
Una notte, Pike rubò mezzo pesce e lo mangiò sotto gli occhi di Buck.
ある夜、パイクは魚を半分盗み、バックの目の下でそれを食べました。
Un'altra notte, Dub e Joe combatterono contro Spitz e rimasero impuniti.
別の夜、ダブとジョーはスピッツと戦ったが、罰せられなかった。
Anche Billee gemette meno dolcemente e mostrò una nuova acutezza.
ビリーも以前ほど甘く泣き言を言わなくなり、新たな鋭さを見せた。
Buck ringhiava a Spitz ogni volta che si incrociavano.
バックはスピッツとすれ違うたびに、彼に向かって唸り声をあげた。
L'atteggiamento di Buck divenne audace e minaccioso, quasi come quello di un bullo.

バックの態度は、まるでいじめっ子のように、大胆かつ威圧的なものになっていった。
Camminava avanti e indietro davanti a Spitz con un'andatura spavalda e piena di minaccia beffarda.
彼は、嘲笑と脅迫に満ちた威嚇で、スピッツの前を威勢よく歩き回った。
Questo crollo dell'ordine si diffuse anche tra i cani da slitta.
その秩序の崩壊は犬ぞりの間でも広がった。
Litigarono e discussero più che mai, riempiendo l'accampamento di rumore.
彼らはこれまで以上に喧嘩や口論を繰り返し、キャンプは騒音でいっぱいになった。
Ogni notte la vita nel campeggio si trasformava in un caos selvaggio e ululante.
キャンプ生活は毎晩、騒然とした大混乱に陥った。
Solo Dave e Solleks rimasero fermi e concentrati.
デイブとソレックスだけが落ち着いて集中力を保っていました。
Ma anche loro diventarono irascibili a causa delle continue risse.
しかし、彼らも絶え間ない喧嘩のせいで短気になっていました。
François imprecò in lingue strane e batté i piedi per la frustrazione.
フランソワは奇妙な言葉で罵り、苛立ちながら足を踏み鳴らした。
Si strappò i capelli e urlò mentre la neve gli volava sotto i piedi.
足元に雪が舞う中、彼は髪をかきむしりながら叫んだ。
La sua frusta schioccò contro il gruppo, ma a malapena riuscì a tenerli in riga.
彼の鞭は馬の群れを横切って飛んでいったが、かろうじて彼らを一列に並べることができた。
Ogni volta che voltava le spalle, la lotta ricominciava.
彼が背を向けると、また戦いが始まった。

François usò la frusta per Spitz, mentre Buck guidava i ribelli.
フランソワはスピッツに鞭打ち刑を行い、一方バックは反乱軍を率いた。
Ognuno conosceva il ruolo dell'altro, ma Buck evitava di addossare ogni colpa.
両者は互いの役割を知っていたが、バックはいかなる非難も避けた。
François non ha mai colto Buck mentre iniziava una rissa o si sottraeva al suo lavoro.
フランソワはバックが喧嘩を始めたり仕事をさぼったりするのを一度も見たことがなかった。
Buck lavorava duramente ai finimenti: la fatica ora gli dava entusiasmo.
バックは馬具をつけて懸命に働いた。その労働が彼の心を躍らせた。
Ma trovava ancora più gioia nel fomentare risse e caos nell'accampamento.
しかし、彼はキャンプで喧嘩や混乱を引き起こすことに、さらに大きな喜びを見出しました。

Una sera, alla foce del Tahkeena, Dub spaventò un coniglio.
ある晩、タキーナ川の河口で、ダブはウサギを驚かせました。
Mancò la presa e il coniglio con la racchetta da neve balzò via.
彼は捕まえ損ね、カンジキウサギは飛び去ってしまいました。
Nel giro di pochi secondi, l'intera squadra di slitte si lanciò all'inseguimento, gridando a squarciagola.
数秒のうちに、そりのチーム全員が叫びながら追いかけました。
Nelle vicinanze, un accampamento della polizia del nord-ovest ospitava cinquanta cani husky.
近くの北西警察のキャンプには50匹のハスキー犬が飼われていた。

Si unirono alla caccia, scendendo insieme il fiume ghiacciato.
彼らは狩りに参加し、一緒に凍った川を下りました。
Il coniglio lasciò il fiume e fuggì lungo il letto ghiacciato di un ruscello.
ウサギは川から逸れて、凍った川床を駆け上がって逃げた。
Il coniglio saltellava leggero sulla neve mentre i cani si facevano strada a fatica.
犬たちが苦労しながら雪の上を歩いている間、ウサギは軽やかに雪の上をスキップしました。
Buck guidava l'enorme branco di sessanta cani attorno a ogni curva tortuosa.
バックは60匹の犬の大群を率いて、曲がりくねったカーブを曲がっていった。
Si spinse in avanti, basso e impaziente, ma non riuscì a guadagnare terreno.
彼は腰を低くして熱心に前進したが、前進することができなかった。
Il suo corpo brillava sotto la pallida luna a ogni potente balzo.
力強い跳躍のたびに、彼の体は青白い月の下で光り輝いた。
Davanti a loro, il coniglio si muoveva come un fantasma, silenzioso e troppo veloce per essere catturato.
前方では、ウサギが幽霊のように静かに、そして捕まえられないほど速く動いていました。
Tutti quei vecchi istinti, la fame, l'eccitazione, attraversarono Buck.
昔からのすべての本能、飢えや興奮がバックの体を駆け巡った。
A volte gli esseri umani avvertono questo istinto e sono spinti a cacciare con armi da fuoco e proiettili.
人間は時々この本能を感じ、銃や弾丸で狩りをしたい衝動に駆られます。

Ma Buck provava questa sensazione a un livello più profondo e personale.
しかし、バックはこの感情をより深く、より個人的なレベルで感じたのです。
Non riuscivano a percepire la natura selvaggia nel loro sangue come Buck.
彼らはバックのように血の中に野性を感じることはできなかった。
Inseguiva la carne viva, pronto a uccidere con i denti e ad assaggiare il sangue.
彼は生きた肉を追いかけ、歯で殺して血を味わう覚悟をしていた。
Il suo corpo si tendeva per la gioia, desiderando immergersi nel caldo rosso della vita.
彼の体は喜びに張り詰め、温かい赤い生命を浴びたいと願っていた。
Una strana gioia segna il punto più alto che la vita possa mai raggiungere.
不思議な喜びは、人生が到達できる最高点を示します。
La sensazione di raggiungere un picco in cui i vivi dimenticano di essere vivi.
生きている者が生きていることさえ忘れてしまうような頂上の感覚。
Questa gioia profonda tocca l'artista immerso in un'ispirazione ardente.
この深い喜びは、燃えるようなインスピレーションに浸るアーティストの心を動かします。
Questa gioia afferra il soldato che combatte selvaggiamente e non risparmia alcun nemico.
この喜びは、激しく戦い、敵を容赦しない兵士を捕らえます。
Questa gioia ora colpì Buck mentre guidava il branco in preda alla fame primordiale.
この喜びは、原始的な飢えの中で群れを率いるバックを支配した。

Ululò con l'antico grido del lupo, emozionato per l'inseguimento.
彼は生きた追跡に興奮し、古代の狼の鳴き声で遠吠えした。
Buck fece appello alla parte più antica di sé, persa nella natura selvaggia.
バックは、野生の中で失われた自分自身の最も古い部分を掘り起こしました。
Scavò in profondità dentro di sé, oltre la memoria, fino al tempo grezzo e antico.
彼は心の奥深く、過去の記憶、生々しい太古の時間へと到達した。
Un'ondata di vita pura pervase ogni muscolo e tendine.
純粋な生命の波がすべての筋肉と腱を駆け巡りました。
Ogni salto gridava che viveva, che attraversava la morte.
それぞれの跳躍は彼が生きていること、死を乗り越えたことを叫んでいた。
Il suo corpo si librava gioioso su una terra immobile e fredda che non si muoveva mai.
彼の体は、決して動かない静かで冷たい大地の上を喜びに浮かんでいた。
Spitz rimase freddo e astuto anche nei suoi momenti più selvaggi.
スピッツは、最も激しい瞬間でさえ、冷静かつ狡猾なままでした。
Lasciò il sentiero e attraversò un terreno dove il torrente formava una curva ampia.
彼は道を離れ、小川が大きく曲がっている土地を横切った。
Buck, ignaro di ciò, rimase sul sentiero tortuoso del coniglio.
バックはそれを知らず、ウサギの曲がりくねった道を進み続けました。
Poi, mentre Buck svoltava dietro una curva, il coniglio spettrale si trovò davanti a lui.
すると、バックがカーブを曲がると、幽霊のようなウサギが目の前に現れた。

Vide una seconda figura balzare dalla riva precedendo la preda.
彼は獲物より先に岸から二番目の人影が飛び出すのを見た。
La figura era Spitz, atterrato proprio sulla traiettoria del coniglio in fuga.
その人物は、逃げるウサギの進路上に降り立ったスピッツでした。
Il coniglio non riuscì a girarsi e incontrò le fauci di Spitz a mezz'aria.
ウサギは向きを変えることができず、空中でスピッツの顎にぶつかりました。
La spina dorsale del coniglio si spezzò con un grido acuto come il grido di un essere umano morente.
ウサギの背骨は、死にゆく人間の叫び声と同じくらい鋭い悲鳴とともに折れた。
A quel suono, il passaggio dalla vita alla morte, il branco ululò forte.
その音、つまり生から死への転落の音を聞いて、群れは大きな遠吠えを上げました。
Un coro selvaggio si levò da dietro Buck, pieno di oscura gioia.
暗い歓喜に満ちた激しい合唱がバックの後ろから上がった。
Buck non emise alcun grido, nessun suono e si lanciò dritto verso Spitz.
バックは叫び声も上げず、音も立てず、まっすぐスピッツに突進した。
Mirò alla gola, ma colpì invece la spalla.
彼は喉を狙ったが、代わりに肩を打った。
Caddero nella neve soffice, i loro corpi erano intrappolati in un combattimento.
彼らは柔らかい雪の上を転げ落ち、戦闘態勢に入った。
Spitz balzò in piedi rapidamente, come se non fosse mai stato atterrato.

スピッツはまるで倒れたことなどなかったかのように、すぐに立ち上がった。
Colpì Buck alla spalla e poi balzò fuori dalla mischia.
彼はバックの肩を切りつけ、それから戦いから逃げ去った。
Per due volte i suoi denti schioccarono come trappole d'acciaio, e le sue labbra si arricciarono e si fecero feroci.
彼の歯は鋼鉄の罠のように二度カチカチと音を立て、唇は歪んで凶暴になった。
Arretrò lentamente, cercando un terreno solido sotto i piedi.
彼はゆっくりと後ずさりし、足元のしっかりした地面を探した。
Buck comprese il momento all'istante e pienamente.
バックはその瞬間を即座に、そして完全に理解した。
Il momento era giunto: la lotta sarebbe stata una lotta all'ultimo sangue.
その時が来た。戦いは死闘となるだろう。
I due cani giravano in cerchio, ringhiando, con le orecchie piatte e gli occhi socchiusi.
二匹の犬は耳を平らにし、目を細めてうなりながら、ぐるぐる回っていました。
Ogni cane aspettava che l'altro mostrasse debolezza o facesse un passo falso.
それぞれの犬は、相手が弱みを見せたり、失敗したりするのを待っていました。
Buck percepiva quella scena come stranamente nota e profondamente ricordata.
バックにとって、その光景は不気味なほどよく知られており、深く記憶に残っていた。
I boschi bianchi, la terra fredda, la battaglia al chiaro di luna.
白い森、冷たい大地、月明かりの下での戦い。
Un silenzio pesante, profondo e innaturale riempiva la terra.
深く不自然な重苦しい沈黙が大地を満たした。
Nessun vento si alzava, nessuna foglia si muoveva, nessun suono rompeva il silenzio.
風も吹かず、葉も動かず、静寂を破る音もなかった。

Il respiro dei cani si levava come fumo nell'aria gelida e silenziosa.
凍りついた静かな空気の中で、犬たちの息が煙のように立ち上った。
Il coniglio era stato dimenticato da tempo dal branco di animali selvatici.
ウサギは野生動物の群れから長い間忘れ去られていました。
Questi lupi semiaddomesticati ora stavano fermi in un ampio cerchio.
半分飼い慣らされた狼たちは、広い円を描いてじっと立っていました。
Erano silenziosi, solo i loro occhi luminosi rivelavano la loro fame.
彼らは静かで、光る目だけが彼らの飢えを明らかにしていた。
Il loro respiro saliva, mentre osservavano l'inizio dello scontro finale.
最後の戦いが始まるのを見ながら、彼らは息を呑んだ。
Per Buck questa battaglia era vecchia e attesa, per niente strana.
バックにとって、この戦いは古くからある予想通りのものであり、まったく奇妙なものではなかった。
Era come il ricordo di qualcosa che doveva accadere da sempre.
それは、必ず起こるはずだった何かの思い出のように感じました。
Spitz era un cane da combattimento addestrato, affinato da innumerevoli risse selvagge.
スピッツは数え切れないほどの野生の喧嘩によって鍛え上げられた闘犬でした。
Dallo Spitzbergen al Canada, aveva sconfitto molti nemici.
スピッツベルゲンからカナダまで、彼は多くの敵を倒してきた。
Era pieno di rabbia, ma non cedette mai il controllo alla rabbia.

彼は激怒していたが、決して怒りを抑えることはなかった。
La sua passione era acuta, ma sempre temperata dal duro istinto.
彼の情熱は鋭かったが、常に強固な本能によって和らげられていた。
Non ha mai attaccato finché non ha avuto la sua difesa pronta.
彼は自分の防御が整うまで決して攻撃しなかった。
Buck provò più volte a raggiungere il collo vulnerabile di Spitz.
バックはスピッツの無防備な首に届くよう何度も試みた。
Ma ogni colpo veniva accolto da un fendente dei denti affilati di Spitz.
しかし、あらゆる攻撃はスピッツの鋭い歯による斬撃に遭った。
Le loro zanne si scontrarono ed entrambi i cani sanguinarono dalle labbra lacerate.
彼らの牙がぶつかり合い、両方の犬の唇が裂けて血が流れた。
Nonostante i suoi sforzi, Buck non riusciva a rompere la difesa.
バックがどれだけ突進しても、防御を破ることはできなかった。
Divenne sempre più furioso e si lanciò verso di lui con violente esplosioni di potenza.
彼はさらに激怒し、勢いよく突進した。
Buck colpì ripetutamente la bianca gola di Spitz.
バックは何度も何度もスピッツの白い喉を襲った。
Ogni volta Spitz schivava e contrattaccava con un morso tagliente.
そのたびにスピッツは回避し、切り裂くような噛みつきで反撃した。
Poi Buck cambiò tattica, avventandosi di nuovo come se volesse colpirlo alla gola.

それからバックは戦術を変え、再び喉を狙うかのように突進した。
Ma a metà attacco si è ritirato, girandosi per colpire di lato.
しかし彼は攻撃の途中で後退し、横から攻撃する方向に転じた。
Colpì Spitz con una spallata, con l'intento di buttarlo a terra.
彼はスピッツを倒すために肩をスピッツにぶつけた。
Ogni volta che ci provava, Spitz lo schivava e rispondeva con un fendente.
そのたびにスピッツはかわし、斬撃で反撃した。
La spalla di Buck si faceva scorticare mentre Spitz si liberava dopo ogni colpo.
スピッツが攻撃するたびに飛び退くたびに、バックの肩は擦りむけてきた。
Spitz non era stato toccato, mentre Buck sanguinava dalle numerose ferite.
スピッツは傷ついていなかったが、バックは多くの傷から出血していた。
Il respiro di Buck era affannoso e pesante, il suo corpo era viscido di sangue.
バックの呼吸は速くて激しくなり、彼の体は血でぬるぬるになった。
La lotta diventava più brutale a ogni morso e carica.
噛みつきや突撃のたびに、戦いはより残酷なものになっていった。
Attorno a loro, sessanta cani silenziosi aspettavano che il primo cadesse.
彼らの周りでは、60匹の静かにした犬たちが、最初の犬が倒れるのを待っていました。
Se un cane fosse caduto, il branco avrebbe posto fine alla lotta.
一匹でも倒れたら、群れは戦いを終わらせるつもりだった。
Spitz vide Buck indebolirsi e cominciò ad attaccare.
スピッツはバックが弱っているのを見て、攻撃を強め始めた。

Mantenne Buck sbilanciato, costringendolo a lottare per restare in piedi.
彼はバックのバランスを崩し、足場を確保するために戦わせた。
Una volta Buck inciampò e cadde, e tutti i cani si rialzarono.
ある時、バックがつまずいて転んだのですが、犬たちはみんな立ち上がりました。
Ma Buck si raddrizzò a metà caduta e tutti ricaddero.
しかし、バックは落下途中で体を起こし、全員が再び地面に倒れ込んだ。
Buck aveva qualcosa di raro: un'immaginazione nata da un profondo istinto.
バックには稀有な何かがあった。それは深い本能から生まれた想像力だ。
Combatté per istinto naturale, ma combatté anche con astuzia.
彼は生来の衝動で戦ったが、同時に狡猾さでも戦った。
Tornò ad attaccare come se volesse ripetere il trucco dell'attacco alla spalla.
彼はまるで肩攻撃の技を繰り返すかのように再び突進した。
Ma all'ultimo secondo si abbassò e passò sotto Spitz.
しかし最後の瞬間、彼は低く身をかがめてスピッツの下をすり抜けた。
I suoi denti si bloccarono sulla zampa anteriore sinistra di Spitz con uno schiocco.
彼の歯がスピッツの左前脚に噛みつき、パチンと音がした。
Spitz ora era instabile e il suo peso gravava solo su tre zampe.
スピッツは今や、体重を三本の足にかけただけで、不安定に立っていた。
Buck colpì di nuovo e tentò tre volte di atterrarlo.
バックは再び攻撃し、3回も倒そうとした。
Al quarto tentativo ha usato la stessa mossa con successo
4回目の試みで彼は同じ動きを成功させた。

Questa volta Buck riuscì a mordere la zampa destra di Spitz.
今度はバックがスピッツの右足を噛むことに成功した。
Spitz, benché storpio e in agonia, continuò a lottare per sopravvivere.
スピッツは、身体が不自由で苦しみながらも、生き残るために努力し続けました。
Vide il cerchio degli husky stringersi, con le lingue fuori e gli occhi luminosi.
彼は、ハスキー犬の輪が狭まり、舌を出し、目を輝かせているのを見た。
Aspettarono di divorarlo, proprio come avevano fatto con gli altri.
彼らは、他の者たちと同じように、彼を食い尽くすのを待ちました。
Questa volta era lui al centro, sconfitto e condannato.
今回、彼は敗北し、絶望の中で中心に立った。
Ormai il cane bianco non aveva più alcuna possibilità di fuga.
白い犬にはもう逃げる選択肢はなかった。
Buck non mostrò alcuna pietà, perché la pietà non era a posto nella natura selvaggia.
バックは慈悲を示さなかった。なぜなら、慈悲は野生にはふさわしくないからだ。
Buck si mosse con cautela, preparandosi per la carica finale.
バックは慎重に動き、最後の突撃に備えた。
Il cerchio degli husky si stringeva; lui sentiva i loro respiri caldi.
ハスキー犬の輪が近づいてきて、彼は彼らの暖かい息遣いを感じた。
Si accovacciarono, pronti a scattare quando fosse giunto il momento.
彼らは身をかがめ、その時が来たら飛び出せるように準備した。
Spitz tremava nella neve, ringhiando e cambiando posizione.

スピッツは雪の中で震え、唸り声をあげ、姿勢を変えた。

I suoi occhi brillavano, le labbra si arricciavano, i denti brillavano in un'espressione disperata e minacciosa.
彼は必死に脅すように目がギラギラと輝き、唇は歪められ、歯が光っていた。

Barcollò, cercando ancora di resistere al freddo morso della morte.
彼はよろめきながら、まだ死の冷たい痛みに耐えようとしていた。

Aveva già visto situazioni simili, ma sempre dalla parte dei vincitori.
彼は以前にもこれを見たことがあったが、それは常に勝利する側からの視点だった。

Ora era dalla parte perdente; lo sconfitto; la preda; la morte.
今、彼は負ける側、敗北者、獲物、そして死に瀕していた。

Buck si preparò al colpo finale, mentre il cerchio dei cani si faceva sempre più stretto.
バックは最後の一撃を放とうと回り、犬の輪はさらに接近した。

Poteva sentire i loro respiri caldi; erano pronti a uccidere.
彼は彼らの熱い息を感じた。彼らは殺す覚悟ができていた。

Calò il silenzio; tutto era al suo posto; il tempo si era fermato.
静寂が訪れ、すべてが整い、時間が止まった。

Persino l'aria fredda tra loro si congelò per un ultimo istante.
二人の間に漂う冷たい空気も、最後の瞬間に凍りついた。

Soltanto Spitz si mosse, cercando di trattenere la sua fine amara.
スピッツだけが動いて、苦しみを耐え抜こうとした。

Il cerchio dei cani si stava stringendo attorno a lui, come era suo destino.
犬の輪が彼を取り囲み、彼の運命も迫ってきた。

Ora era disperato, sapendo cosa stava per accadere.
彼はこれから何が起こるかを知って、絶望していた。
Buck balzò dentro e la sua spalla incontrò la sua spalla per l'ultima volta.
バックが飛び込んできて、最後にもう一度肩がぶつかった。
I cani si lanciarono in avanti, nascondendo Spitz nell'oscurità della neve.
犬たちはスピッツを雪の暗闇の中に包み込みながら突進した。
Buck osservava, eretto e fiero; il vincitore in un mondo selvaggio.
バックは、野蛮な世界の勝利者として、堂々と立って見守っていた。
La bestia primordiale dominante aveva fatto la sua uccisione, e la aveva fatta bene.
支配的な原始の獣が獲物を仕留め、それは良かった。

Colui che ha conquistato la maestria
マスターの地位を獲得した者

"Eh? Cosa ho detto? Dico la verità quando dico che Buck è un diavolo."
「え？何だって？バックは悪魔だって言ったのは本当だ」
François raccontò questo la mattina dopo aver scoperto la scomparsa di Spitz.
フランソワはスピッツが行方不明になっているのを発見した翌朝、こう語った。
Buck rimase lì, coperto di ferite causate dal violento combattimento.
バックは激しい戦いで負った傷に覆われてそこに立っていた。
François tirò Buck vicino al fuoco e indicò le ferite.
フランソワはバックを火のそばに引き寄せ、怪我を指さした。
«Quello Spitz ha combattuto come il Devik», disse Perrault, osservando i profondi tagli.
「あのスピッツはデヴィクのように戦ったよ」とペローは深い切り傷を見つめながら言った。
«E quel Buck si batteva come due diavoli», rispose subito François.
「そして、バックはまるで悪魔のように戦った」フランソワはすぐに答えた。
"Ora faremo buon passo; niente più Spitz, niente più guai."
「これで順調に進むでしょう。スピッツもいなくなり、トラブルもなくなります。」
Perrault stava preparando l'attrezzatura e caricò la slitta con cura.
ペローは用具を梱包し、そりに慎重に積み込んでいた。
François bardò i cani per prepararli alla corsa della giornata.
フランソワは、その日のランニングに備えて犬たちに馬具をつけた。

Buck trotterellò dritto verso la posizione di testa, precedentemente occupata da Spitz.
バックは、スピッツがかつて保持していた先頭の地位までまっすぐ駆け抜けた。
Ma François, senza accorgersene, condusse Solleks in prima linea.
しかしフランソワはそれに気づかず、ソレックスを前へ導いた。
Secondo François, Solleks era ora il miglior cane da corsa.
フランソワの判断では、ソレックスが今や最高の先導犬だった。
Buck si scagliò furioso contro Solleks e lo respinse indietro in segno di protesta.
バックは激怒してソレックスに飛びかかり、抗議して彼を追い返した。
Si fermò dove un tempo si era fermato Spitz, rivendicando la posizione di comando.
彼はかつてスピッツが立っていた場所に立ち、トップの座を主張した。
"Eh? Eh?" esclamò François, dandosi una pacca sulle cosce divertito.
「え？え？」フランソワは楽しそうに太ももを叩きながら叫んだ。
"Guarda Buck: ha ucciso Spitz, ora vuole prendersi il posto!"
「バックを見てみろ、スピッツを殺したのに、今度はその仕事を奪おうとしている！」
"Vattene via, Chook!" urlò, cercando di scacciare Buck.
「あっちへ行け、チャック！」彼はバックを追い払おうと叫んだ。
Ma Buck si rifiutò di muoversi e rimase immobile nella neve.
しかしバックは動くことを拒み、雪の中にしっかりと立ち続けた。
François afferrò Buck per la collottola e lo trascinò da parte.
フランソワはバックの首筋を掴んで、横に引きずり出した。

Buck ringhiò basso e minaccioso, ma non attaccò.
雄鹿は低く威嚇するように唸ったが、攻撃はしなかった。

François rimette Solleks in testa, cercando di risolvere la disputa
フランソワはソレックスを再びリードに戻し、争いを解決しようとした。

Il vecchio cane mostrò paura di Buck e non voleva restare.
老犬はバックを恐れ、留まりたがりませんでした。

Quando François gli voltò le spalle, Buck scacciò di nuovo Solleks.
フランソワが背を向けると、バックは再びソレックスを追い出した。

Solleks non oppose resistenza e si fece di nuovo da parte in silenzio.
ソレックスは抵抗せず、もう一度静かに退いた。

François si arrabbiò e urlò: "Per Dio, ti sistemo!"
フランソワは激怒し、「神にかけて、お前を直すぞ！」と叫びました。

Si avvicinò a Buck tenendo in mano una pesante mazza.
彼は重い棍棒を手に持ち、バックの方へ近づいてきた。

Buck ricordava bene l'uomo con il maglione rosso.
バックは赤いセーターを着た男のことをよく覚えていた。

Si ritirò lentamente, osservando François ma ringhiando profondamente.
彼はフランソワを見ながら、深くうなり声を上げながらゆっくりと後退した。

Non si affrettò a tornare indietro, nemmeno quando Solleks si mise al suo posto.
ソレックスが彼の代わりに立っても、彼は急いで戻りませんでした。

Buck si girò in cerchio, appena fuori dalla sua portata, ringhiando furioso e protestando.
バックは怒りと抗議の唸り声を上げながら、手の届かないところを旋回した。

Teneva gli occhi fissi sulla mazza, pronto a schivare il colpo se François l'avesse lanciata.
彼はフランソワがクラブを投げたら避けられるように、クラブから目を離さなかった。
Era diventato saggio e cauto nei confronti degli uomini che maneggiavano le armi.
彼は武器を持った男たちのやり方について賢くなり、用心深くなった。
François si arrese e chiamò di nuovo Buck al suo vecchio posto.
フランソワは諦めて、バックをまた元の場所へ呼びました。
Ma Buck fece un passo indietro con cautela, rifiutandosi di obbedire all'ordine.
しかしバックは慎重に後ずさりし、命令に従うことを拒否した。
François lo seguì, ma Buck indietreggiò solo di pochi passi.
フランソワも後を追ったが、バックはほんの数歩後退しただけだった。
Dopo un po' François gettò a terra l'arma, frustrato.
しばらくして、フランソワは苛立ちから武器を投げ捨てた。
Pensava che Buck avesse paura di essere picchiato e che avrebbe fatto lo stesso senza far rumore.
バックは殴られるのを恐れて、静かに来るつもりだと彼は思った。
Ma Buck non stava evitando la punizione: stava lottando per ottenere un rango.
しかし、バックは処罰を逃れていたのではなく、地位を得るために戦っていたのです。
Si era guadagnato il posto di capobranco combattendo fino alla morte
彼は死闘を繰り広げてリーダーの座を獲得した
non si sarebbe accontentato di niente di meno che di essere il leader.

彼はリーダーであること以外には満足するつもりはなかった。

Perrault si unì all'inseguimento per aiutare a catturare il ribelle Buck.
ペローは反抗的な雄鹿を捕まえるのを手伝うために追跡に加わった。
Insieme lo portarono in giro per l'accampamento per quasi un'ora.
二人は一緒に、彼をキャンプ場の周りで1時間近く走らせた。
Gli scagliarono contro dei bastoni, ma Buck li schivò abilmente uno per uno.
彼らは彼に棍棒を投げつけたが、バックはそれを巧みにかわした。
Maledissero lui, i suoi antenati, i suoi discendenti e ogni suo capello.
彼らは彼と彼の先祖、彼の子孫、そして彼の髪の毛一本一本を呪った。
Ma Buck si limitò a ringhiare e a restare appena fuori dalla loro portata.
しかしバックは唸り声をあげるだけで、彼らの手の届かないところに留まりました。
Non cercò mai di scappare, ma continuò a girare intorno all'accampamento deliberatamente.
彼は決して逃げようとはせず、故意にキャンプの周りを回り続けた。
Disse chiaramente che avrebbe obbedito una volta ottenuto ciò che voleva.
彼は、彼らが自分の望むものをくれたら従うつもりであることを明らかにした。
Alla fine François si sedette e si grattò la testa, frustrato.
フランソワはついに座り込み、イライラしながら頭を掻いた。
Perrault controllò l'orologio, imprecò e borbottò qualcosa sul tempo perso.

ペローは時計を確認し、悪態をつき、失われた時間についてぶつぶつ言った。
Era già trascorsa un'ora, mentre avrebbero dovuto essere sulle tracce.
彼らが出発するはずだった時間には、すでに1時間が経過していた。
François alzò le spalle timidamente, guardando il corriere, che sospirò sconfitto.
フランソワは、敗北感にため息をついた配達人に向かって、恥ずかしそうに肩をすくめた。
Poi François si avvicinò a Solleks e chiamò ancora una volta Buck.
それからフランソワはソレックスのところまで歩いて行き、もう一度バックに呼びかけました。
Buck rise come ride un cane, ma mantenne una cauta distanza.
バックは犬が笑うように笑ったが、慎重な距離を保っていた。
François tolse l'imbracatura a Solleks e lo rimise al suo posto.
フランソワはソレックスのハーネスを外し、彼を元の場所に戻した。
La squadra di slittini era completamente imbracata, con un solo posto libero.
そりチームはハーネスを完全に装着して立っており、空いている場所は１つだけでした。
La posizione di comando rimase vuota, chiaramente riservata solo a Buck.
首位の座は空席のままで、明らかにバック一人の座になるはずだった。
François chiamò di nuovo e di nuovo Buck rise e mantenne la sua posizione.
フランソワは再び呼びかけたが、バックはまた笑って自分の立場を守った。
«Gettate giù la mazza», ordinò Perrault senza esitazione.
「棍棒を投げろ」ペローはためらうことなく命令した。

François obbedì e Buck si lanciò subito avanti con orgoglio.
フランソワは従い、バックはすぐに誇らしげに前へ進み出た。
Rise trionfante e assunse la posizione di comando.
彼は勝ち誇ったように笑い、先頭に立った。
François fissò le corde e la slitta si staccò.
フランソワは足場を固め、そりは外れた。
Entrambi gli uomini corsero fianco a fianco mentre la squadra si lanciava lungo il sentiero del fiume.
チームが川沿いの道を駆け抜ける間、二人は並んで走った。
François aveva avuto una grande stima dei "due diavoli" di Buck,
フランソワはバックの「二人の悪魔」を高く評価していた。
ma ben presto si rese conto di aver in realtà sottovalutato il cane.
しかし、彼はすぐに、実は犬を過小評価していたことに気づいた。
Buck assunse rapidamente la leadership e si comportò in modo eccellente.
バック氏はすぐにリーダーシップを発揮し、優れた成果を上げました。
Buck superò Spitz per capacità di giudizio, rapidità di pensiero e rapidità di azione.
判断力、素早い思考、素早い行動力において、バックはスピッツを上回った。
François non aveva mai visto un cane pari a quello che Buck mostrava ora.
フランソワはバックが今見せているような犬を見たことがなかった。
Ma Buck eccelleva davvero nel far rispettare l'ordine e nel imporre rispetto.
しかし、バックは秩序を強制し、尊敬を集めることに本当に優れていました。

Dave e Solleks accettarono il cambiamento senza preoccupazioni o proteste.
デイブとソレックスは、懸念や抗議もなく、その変更を受け入れました。
Si concentravano solo sul lavoro e tiravano forte le redini.
彼らは仕事と手綱を強く引くことだけに集中した。
A loro importava poco chi guidasse, purché la slitta continuasse a muoversi.
そりが動き続ける限り、誰が先頭に立つかはあまり気にしなかった。
Billee, quella allegra, avrebbe potuto comandare per quel che volevano.
明るい性格のビリーなら、どんなことでもリーダーとして活躍できただろう。
Ciò che contava per loro era la pace e l'ordine tra i ranghi.
彼らにとって重要なのは、部隊内の平和と秩序だった。

Il resto della squadra era diventato indisciplinato durante il declino di Spitz.
スピッツの衰退とともに、チームの残りのメンバーも手に負えない状態になっていった。
Rimasero scioccati quando Buck li riportò immediatamente all'ordine.
バックがすぐに彼らに秩序を促したので、彼らは衝撃を受けた。
Pike era sempre stato pigro e aveva sempre tergiversato dietro a Buck.
パイクはいつも怠け者で、バックの後ろで足を引きずっていた。
Ma ora è stato severamente disciplinato dalla nuova leadership.
しかし、今では新しい指導部によって厳しく規律されています。
E imparò rapidamente a dare il suo contributo alla squadra.
そして彼はすぐにチーム内で自分の役割を果たすことを学んだ。

Alla fine della giornata, Pike lavorò più duramente che mai.
その日の終わりまでに、パイクはこれまで以上に一生懸命働きました。
Quella notte all'accampamento, Joe, il cane scontroso, fu finalmente domato.
その晩のキャンプで、気難しい犬のジョーはようやく落ち着きました。
Spitz non era riuscito a disciplinarlo, ma Buck non aveva fallito.
スピッツは彼を懲らしめることに失敗したが、バックは失敗しなかった。
Sfruttando il suo peso maggiore, Buck sopraffece Joe in pochi secondi.
バックは自分の体重を利用して、数秒でジョーを圧倒しました。
Morse e picchiò Joe finché questi non si mise a piagnucolare e smise di opporre resistenza.
彼はジョーが泣き声をあげて抵抗をやめるまで、噛みつき、殴り続けた。
Da quel momento in poi l'intera squadra migliorò.
その瞬間からチーム全体が成長しました。
I cani ritrovarono la loro antica unità e disciplina.
犬たちは昔の団結と規律を取り戻した。
A Rink Rapids si sono uniti al gruppo due nuovi husky autoctoni, Teek e Koona.
リンク・ラピッズには、2匹の新しい在来種のハスキー犬、ティークとクーナが加わりました。
La rapidità con cui Buck li addestramento stupì perfino François.
バックの素早い訓練はフランソワさえも驚かせた。
"Non è mai esistito un cane come quel Buck!" esclamò stupito.
「あのバックみたいな犬は今までいなかったよ！」彼は驚いて叫んだ。
"No, mai! Vale mille dollari, per Dio!"

「いいえ、絶対にありません！彼は1000ドルの価値があるんです！」

"Eh? Che ne dici, Perrault?" chiese con orgoglio.

「え？どう思う、ペロー？」彼は誇らしげに尋ねた。

Perrault annuì in segno di assenso e controllò i suoi appunti.

ペローは同意してうなずき、メモを確認した。

Siamo già in anticipo sui tempi e guadagniamo sempre di più ogni giorno.

すでに予定より進んでおり、日々成果が上がっています。

Il sentiero era compatto e liscio, senza neve fresca.

道は固く締まっていて滑らかで、新雪はありませんでした。

Il freddo era costante, con temperature che si aggiravano sempre sui cinquanta gradi sotto zero.

寒さはずっと続き、ずっと零下50度を保っていました。

Per scaldarsi e guadagnare tempo, gli uomini si alternavano a cavallo e a correre.

男たちは暖をとり、時間を稼ぐために交代で馬に乗ったり走ったりした。

I cani correvano veloci, fermandosi di rado, spingendosi sempre in avanti.

犬たちはほとんど止まることなく、常に前へ前へと速く走り続けました。

Il fiume Thirty Mile era per la maggior parte ghiacciato e facile da attraversare.

サーティマイル川は大部分が凍っていて、渡るのは容易でした。

In un giorno realizzarono ciò che per arrivare aveva impiegato dieci giorni.

入ってくるのに10日かかったものを、彼らは1日で出かけました。

Percorsero circa 96 chilometri dal lago Le Barge a White Horse.

彼らはレイク・ル・バージからホワイト・ホースまで60マイルを疾走した。

Si muovevano a velocità incredibile attraverso i laghi Marsh, Tagish e Bennett.
彼らはマーシュ湖、タギッシュ湖、ベネット湖を信じられないほどの速さで移動しました。
L'uomo che correva veniva trainato dietro la slitta con una corda.
走っている男はロープでそりの後ろを引っ張られていた。
L'ultima notte della seconda settimana giunsero a destinazione.
2週目の最後の夜、彼らは目的地に到着しました。
Insieme avevano raggiunto la cima del White Pass.
彼らは一緒にホワイトパスの頂上に到達した。
Scesero fino al livello del mare, con le luci dello Skaguay sotto di loro.
彼らはスカグアイの灯りを眼下に海面まで降下した。
Era stata una corsa da record attraverso chilometri di fredda natura selvaggia.
それは何マイルにも及ぶ寒い荒野を横断する記録的なランニングだった。
Per quattordici giorni di fila percorsero in media circa quaranta miglia.
彼らは14日間連続で平均40マイルを走りました。
A Skaguay, Perrault e François trasportavano merci attraverso la città.
スカグアイでは、ペローとフランソワが町を通って貨物を運んだ。
Furono applauditi e ricevettero numerose bevande dalla folla ammirata.
彼らは称賛する群衆から歓声を浴び、たくさんの飲み物を勧められた。
I cacciatori di cani e gli operai si sono riuniti attorno alla famosa squadra cinofila.
有名な犬ぞりチームの周りには犬退治屋や作業員たちが集まっていた。

Poi i fuorilegge del West giunsero in città e subirono una violenta sconfitta.
その後、西部の無法者たちが町にやって来て、激しい敗北を喫した。
La gente si dimenticò presto della squadra e si concentrò sul nuovo dramma.
人々はすぐにそのチームのことを忘れ、新たなドラマに注目した。
Poi arrivarono i nuovi ordini che cambiarono tutto in un colpo.
その後、すべてを一気に変える新たな命令が下されました。
François chiamò Buck e lo abbracciò con orgoglio e lacrime.
フランソワはバックを呼び寄せ、涙を浮かべながら誇りを持って抱きしめた。
Quel momento fu l'ultima volta che Buck vide di nuovo François.
その瞬間が、バックがフランソワに再び会った最後の瞬間だった。
Come molti altri uomini prima di lui, sia François che Perrault se n'erano andati.
以前の多くの人々と同じように、フランソワとペローの両者もいなくなっていた。
Un meticcio scozzese si prese cura di Buck e dei suoi compagni di squadra con i cani da slitta.
スコットランドの混血種がバックと彼のそり犬仲間の指揮を執った。
Con una dozzina di altre mute di cani, ritornarono lungo il sentiero fino a Dawson.
彼らは他の12頭の犬ぞりとともに、小道に沿ってドーソンまで戻った。
Non si trattava più di una corsa veloce, ma solo di un duro lavoro con un carico pesante ogni giorno.
今は速く走ることはできず、毎日重い荷物を背負ってただ重労働を続けているだけだ。

Si trattava del treno postale che portava notizie ai cercatori d'oro vicino al Polo.
これは、北極点付近の金採掘者に知らせを届ける郵便列車でした。
Buck non amava il lavoro, ma lo sopportò bene, essendo orgoglioso del suo impegno.
バックはその仕事が嫌いだったが、自分の努力に誇りを持ってよく耐えた。
Come Dave e Solleks, Buck dimostrava dedizione in ogni compito quotidiano.
デイブやソレックスと同様に、バックも日々のあらゆる仕事に献身的な姿勢を示しました。
Si è assicurato che tutti i suoi compagni di squadra dessero il massimo.
彼はチームメイトがそれぞれ自分の役割を果たすようにした。
La vita sui sentieri divenne noiosa e si ripeteva con la precisione di una macchina.
トレイルでの生活は機械の精度で繰り返される退屈なものとなった。
Ogni giorno era uguale, una mattina si fondeva con quella successiva.
毎日が同じように感じられ、ある朝が次の朝へと溶け合っていくようでした。
Alla stessa ora, i cuochi si alzarono per accendere il fuoco e preparare il cibo.
同じ時間に、料理人たちは起き上がり、火を起こして食事の準備をしました。
Dopo colazione alcuni lasciarono l'accampamento mentre altri attaccarono i cani.
朝食後、何人かはキャンプを出発し、他の人たちは犬に手綱をつけた。
Raggiunsero il sentiero prima che il pallido segnale dell'alba sfiorasse il cielo.
夜明けの薄暗い光が空に届く前に、彼らは出発した。

Di notte si fermavano per accamparsi, e a ogni uomo veniva assegnato un compito.
夜になると、彼らは立ち止まってキャンプを設営し、各自が定められた任務を遂行した。
Alcuni montarono le tende, altri tagliarono la legna da ardere e raccolsero rami di pino.
ある者はテントを張り、ある者は薪を切り、松の枝を集める。
Acqua o ghiaccio venivano portati ai cuochi per la cena serale.
水や氷は夕食のために料理人のもとへ運ばれました。
I cani vennero nutriti e per loro quello fu il momento migliore della giornata.
犬たちには餌が与えられ、それが犬たちにとって一日で一番楽しい時間でした。
Dopo aver mangiato il pesce, i cani si rilassarono e oziarono vicino al fuoco.
魚を食べた後、犬たちは火のそばでくつろぎ、くつろいでいました。
Nel convoglio c'erano un centinaio di altri cani con cui socializzare.
護送隊の中には、一緒に遊べる他の犬が100匹ほどいました。
Molti di quei cani erano feroci e pronti a combattere senza preavviso.
それらの犬の多くは獰猛で、警告なしにすぐに戦闘を始めた。
Ma dopo tre vittorie, Buck riuscì a domare anche i combattenti più feroci.
しかし、3回の勝利を経て、バックは最も獰猛な戦士たちさえも打ち負かした。
Ora, quando Buck ringhiò e mostrò i denti, loro si fecero da parte.
バックがうなり声をあげて歯をむき出すと、彼らは脇に退いた。

Forse la cosa più bella di tutte era che a Buck piaceva sdraiarsi vicino al fuoco tremolante.
おそらく何よりも、バックは揺らめくキャンプファイヤーのそばに横たわるのが大好きだった。
Si accovacciò, con le zampe posteriori ripiegate e quelle anteriori distese in avanti.
彼は後ろ足を折り曲げ、前足を前に伸ばしてしゃがんでいました。
Teneva la testa sollevata e sbatteva dolcemente le palpebre verso le fiamme ardenti.
彼は頭を上げて、輝く炎を見つめながらそっと瞬きした。
A volte ricordava la grande casa del giudice Miller a Santa Clara.
彼は時々、サンタクララにあるミラー判事の大きな家を思い出す。
Pensò alla piscina di cemento, a Ysabel e al carlino di nome Toots.
彼はセメントのプール、イザベル、そしてトゥーツという名のパグ犬のことを考えた。
Ma più spesso si ricordava del bastone dell'uomo con il maglione rosso.
しかし、彼は赤いセーターを着た男の棍棒のことをより頻繁に思い出した。
Ricordava la morte di Curly e la sua feroce battaglia con Spitz.
彼は縮れたの死とスピッツとの激しい戦いを思い出した。
Ricordava anche il buon cibo che aveva mangiato o che ancora sognava.
彼はまた、自分が食べたことのある、あるいはまだ夢に見たおいしい食べ物のことを思い出した。
Buck non aveva nostalgia di casa: la valle calda era lontana e irreale.
バックはホームシックにはなっていなかった。暖かい谷は遠く離れていて、非現実的だった。

I ricordi della California non avevano più alcun fascino su di lui.
カリフォルニアの思い出はもはや彼にとって何ら魅力を持たなくなっていた。
Più forti della memoria erano gli istinti radicati nella sua stirpe.
記憶よりも強かったのは、彼の血統の奥深くに宿る本能だった。
Le abitudini un tempo perdute erano tornate, ravvivate dal sentiero e dalla natura selvaggia.
かつて失われた習慣が、道と自然によって蘇り、戻ってきた。
Mentre Buck osservava la luce del fuoco, a volte questa diventava qualcos'altro.
バックが火の明かりを見つめていると、時々それは別のものに変わっていった。
Vide alla luce del fuoco un altro fuoco, più vecchio e più profondo di quello attuale.
彼は火の光の中に、今の火よりも古くて深いもう一つの火を見た。
Accanto all'altro fuoco era accovacciato un uomo che non somigliava per niente al cuoco meticcio.
そのもう一つの火のそばには、混血の料理人とは違う男がうずくまっていた。
Questa figura aveva gambe corte, braccia lunghe e muscoli duri e contratti.
この人物は短い脚と長い腕、そして硬く結びついた筋肉を持っていました。
I suoi capelli erano lunghi e arruffati, e gli scendevano all'indietro a partire dagli occhi.
彼の髪は長くて絡まり、目から後ろに傾いていた。
Emetteva strani suoni e fissava l'oscurità con paura.
彼は奇妙な音を立て、恐怖に怯えながら暗闇を見つめていた。
Teneva bassa una mazza di pietra, stretta saldamente nella sua mano lunga e ruvida.

彼は石の棍棒を、長くて荒れた手でしっかりと握りしめ、低く掲げた。
L'uomo indossava ben poco: solo una pelle carbonizzata che gli pendeva lungo la schiena.
その男はほとんど何も身につけておらず、背中に焼けた皮膚が垂れ下がっているだけだった。
Il suo corpo era ricoperto da una folta peluria sulle braccia, sul petto e sulle cosce.
彼の体は腕、胸、太ももにかけて濃い毛で覆われていた。
Alcune parti del pelo erano aggrovigliate e formavano chiazze di pelo ruvido.
毛の一部が絡まってざらざらした毛並みになっていました。
Non stava dritto, ma era piegato in avanti dai fianchi alle ginocchia.
彼はまっすぐに立っていなくて、腰から膝まで前かがみになっていました。
I suoi passi erano elastici e felini, come se fosse sempre pronto a scattare.
彼の足取りは弾力があって猫のようで、いつでも飛び上がる準備ができているかのようだった。
C'era una forte allerta, come se vivesse nella paura costante.
常に恐怖の中で暮らしているかのように、鋭い警戒心がありました。
Quest'uomo anziano sembrava aspettarsi il pericolo, indipendentemente dal fatto che questo venisse visto o meno.
この古代人は、危険が見えるかどうかに関わらず、危険を予期していたようでした。
A volte l'uomo peloso dormiva accanto al fuoco, con la testa tra le gambe.
毛深い男は時々、足の間に頭を挟んで火のそばで眠った。
Teneva i gomiti sulle ginocchia e le mani giunte sopra la testa.

彼は肘を膝の上に置いて、両手を頭の上で組んでいた。
Come un cane, usava le sue braccia pelose per proteggersi dalla pioggia che cadeva.
彼は犬のように毛むくじゃらの腕を使って降り注ぐ雨を払いのけた。
Oltre la luce del fuoco, Buck vide due carboni ardenti che ardevano nell'oscurità.
火の明かりの向こうで、バックは暗闇の中で二つの炭が光っているのを見た。
Sempre a due a due, erano gli occhi delle bestie da preda.
それらは常に二つずつ並んで、追跡する猛禽類の目でした。
Sentì corpi che si infrangevano tra i cespugli e rumori provenienti dalla notte.
彼は、藪を突き破って人が倒れる音や、夜に立てられた物音を聞いた。
Sdraiato sulla riva dello Yukon, sbattendo le palpebre, Buck sognò accanto al fuoco.
バックはユーコン川の岸に横たわり、まばたきをしながら火のそばで夢を見ていた。
Le immagini e i suoni di quel mondo selvaggio gli fecero rizzare i capelli.
その荒々しい世界の光景と音に、彼の髪は逆立った。
La pelliccia gli si drizzò lungo la schiena, sulle spalle e sul collo.
毛は背中、肩、そして首まで伸びていました。
Gemeva piano o emetteva un ringhio basso dal profondo del petto.
彼は小さくすすり泣いたり、胸の奥で低い唸り声を上げたりした。
Allora il cuoco meticcio urlò: "Ehi, Buck, svegliati!"
すると混血のコックが叫んだ。「おい、バック、起きろ！」
Il mondo dei sogni svanì e la vera vita tornò agli occhi di Buck.

夢の世界は消え去り、現実の生活がバックの目に戻った。

Si sarebbe alzato, si sarebbe stiracchiato e avrebbe sbadigliato, come se si fosse svegliato da un pisolino.
彼は、まるで昼寝から目覚めたかのように、起き上がって伸びをし、あくびをするつもりだった。

Il viaggio era duro, con la slitta postale che li trascinava dietro.
郵便そりを引きずる旅は大変だった。

Carichi pesanti e lavoro duro sfinivano i cani ogni lunga giornata.
重い荷物と厳しい仕事で、犬たちは長い一日を疲れ果てて過ごした。

Arrivarono a Dawson magro, stanco e con bisogno di più di una settimana di riposo.
彼らは痩せて疲れ果て、1週間以上の休息を必要とする状態でドーソンに到着した。

Ma solo due giorni dopo ripartirono per lo Yukon.
しかし、わずか2日後、彼らは再びユーコン川を下って出発した。

Erano carichi di altre lettere dirette al mondo esterno.
それらには外の世界へ送られるさらに多くの手紙が積まれていた。

I cani erano esausti e gli uomini si lamentavano in continuazione.
犬たちは疲れ果てており、男たちは絶えず不平を言っていた。

Ogni giorno cadeva la neve, ammorbidendo il sentiero e rallentando le slitte.
雪は毎日降り、道は柔らかくなり、そりの速度は遅くなった。

Ciò rendeva la trazione più dura e aumentava la resistenza delle guide.
これにより、ランナーを引っ張る力が強くなり、抵抗が大きくなりました。

Nonostante ciò, i piloti si sono dimostrati leali e hanno avuto cura delle loro squadre.
それにもかかわらず、ドライバーたちは公平で、チームを気遣っていました。
Ogni notte, i cani venivano nutriti prima che gli uomini mangiassero.
毎晩、男たちが食事をする前に犬たちに餌が与えられました。
Nessun uomo dormiva prima di controllare le zampe del proprio cane.
自分の犬の足をチェックしないで寝る人はいません。
Tuttavia, i cani diventavano sempre più deboli man mano che i chilometri consumavano i loro corpi.
それでも、犬たちは長距離を走るにつれて体が弱っていった。
Avevano viaggiato per milleottocento miglia durante l'inverno.
彼らは冬の間、1800マイルを旅した。
Percorrevano ogni miglio di quella distanza brutale trainando le slitte.
彼らはその過酷な距離を１マイルごとにそりを引いて移動した。
Anche i cani da slitta più resistenti provano tensione dopo tanti chilometri.
最も丈夫なそり犬でも、何マイルも走ると疲れを感じます。
Buck tenne duro, fece sì che la sua squadra lavorasse e mantenne la disciplina.
バックは粘り強く、チームに仕事を続けさせ、規律を保った。
Ma Buck era stanco, proprio come gli altri durante il lungo viaggio.
しかし、バックは他の長旅の人たちと同じように疲れていました。
Billee piagnucolava e piangeva nel sonno ogni notte, senza sosta.

ビリーは毎晩必ず寝ている間にすすり泣きました。
Joe diventò ancora più amareggiato e Solleks rimase freddo e distante.
ジョーはさらに苦々しくなり、ソレックスは冷たく距離を置いたままでした。
Ma è stato Dave a soffrire di più di tutta la squadra.
しかし、チーム全体の中で最も被害を受けたのはデイブでした。
Qualcosa dentro di lui era andato storto, anche se nessuno sapeva cosa.
彼の中で何かがおかしくなったが、それが何なのか誰も知らなかった。
Divenne più lunatico e aggredì gli altri con rabbia crescente.
彼は気分が悪くなり、怒りが増して他人に怒鳴りつけるようになった。
Ogni notte andava dritto al suo nido, in attesa di essere nutrito.
毎晩、彼はまっすぐ巣へ行き、餌をもらうのを待ちました。
Una volta a terra, Dave non si alzò più fino al mattino.
一度倒れると、デイブは朝まで起き上がらなかった。
Sulle redini, gli improvvisi strattoni o sussulti lo facevano gridare di dolore.
手綱を引いていると、突然の衝撃や発進で馬は痛みで叫び声をあげた。
L'autista ha cercato di capirne la causa, ma non ha trovato ferite.
運転手は原因を調べたが、彼に怪我は見つからなかった。
Tutti gli autisti cominciarono a osservare Dave e a discutere del suo caso.
ドライバー全員がデイブに注目し、彼のケースについて話し合いました。
Parlarono durante i pasti e durante l'ultima sigaretta della giornata.
彼らは食事中やその日の最後の喫煙中に話をした。

Una notte tennero una riunione e portarono Dave al fuoco.
ある夜、彼らは会議を開き、デイブを火のそばに連れて行きました。

Gli premevano e palpavano il corpo e lui gridava spesso.
彼らは彼の体を圧迫したり調べたりしたので、彼は何度も叫び声をあげた。

Era evidente che qualcosa non andava, anche se non sembrava esserci nessuna frattura.
骨は折れていないようだったが、明らかに何かがおかしい。

Quando arrivarono al Cassiar Bar, Dave stava cadendo.
彼らがカシアーバーに着いたとき、デイブは倒れていました。

Il meticcio scozzese impose uno stop e rimosse Dave dalla squadra.
スコットランドの混血児は試合を中止し、デイブをチームから外した。

Fissò Solleks al posto di Dave, il più vicino possibile alla parte anteriore della slitta.
彼はソレックスをデイブのところ、そりの前部に一番近いところに固定した。

Voleva lasciare che Dave riposasse e corresse libero dietro la slitta in movimento.
彼はデイブを休ませ、動いているそりの後ろで自由に走らせるつもりだった。

Ma nonostante la malattia, Dave odiava che gli venisse tolto il lavoro che aveva ricoperto.
しかし、病気であっても、デイブは自分が持っていた仕事から外されることを嫌っていました。

Ringhiò e piagnucolò quando gli strapparono le redini dal corpo.
手綱が体から引き抜かれると、彼はうなり声をあげ、すすり泣いた。

Quando vide Solleks al suo posto, pianse disperato.
彼は、自分の代わりにソレックスが立っているのを見て、心が痛むあまり泣いた。

L'orgoglio per il lavoro sui sentieri era profondo in Dave, anche quando la morte si avvicinava.
死が近づいていても、トレイルの仕事に対する誇りはデイブの中に深く残っていた。
Mentre la slitta si muoveva, Dave arrancava nella neve soffice vicino al sentiero.
そりが進むにつれて、デイブは道の近くの柔らかい雪の上をよろめきながら進んだ。
Attaccò Solleks, mordendolo e spingendolo giù dal lato della slitta.
彼はソレックスを攻撃し、噛みつき、そりの横から押し出した。
Dave cercò di saltare nell'imbracatura e di riprendersi il suo posto di lavoro.
デイブはハーネスに飛び乗って自分の作業場所を取り戻そうとしました。
Lui guaiva, si lamentava e piangeva, diviso tra il dolore e l'orgoglio del parto.
彼は出産の痛みと誇りの間で引き裂かれ、わめき声を上げ、泣き言を言い、泣き叫んだ。
Il meticcio usò la frusta per cercare di allontanare Dave dalla squadra.
混血児は鞭を使ってデイブをチームから追い出そうとした。
Ma Dave ignorò la frustata e l'uomo non riuscì a colpirlo più forte.
しかしデイブは鞭打ちを無視し、男はそれ以上強く打つことはできなかった。
Dave rifiutò il sentiero più facile dietro la slitta, dove la neve era compatta.
デイブは、雪が積もったそりの後ろのより楽な道を拒否した。
Invece, si ritrovò a lottare nella neve profonda, ai lati del sentiero, in preda alla miseria.
その代わりに、彼は道の脇の深い雪の中で、悲惨な思いをしながらもがき続けました。

Alla fine Dave crollò, giacendo sulla neve e urlando di dolore.
結局、デイブは倒れ、雪の上に横たわり、痛みに泣き叫びました。
Lanciò un grido mentre la lunga fila di slitte gli passava accanto una dopo l'altra.
長い列のそりが次々と彼の前を通り過ぎるたびに、彼は叫びました。
Tuttavia, con le poche forze che gli rimanevano, si alzò e barcollò dietro di loro.
それでも、残った力を振り絞って、彼は立ち上がり、よろめきながら彼らの後を追った。
Quando il treno si fermò di nuovo, lo raggiunse e trovò la sua vecchia slitta.
列車が再び止まったとき、彼は追いつき、古いそりを見つけました。
Superò con difficoltà le altre squadre e tornò a posizionarsi accanto a Solleks.
彼は他のチームを追い越して、再びソレックスの隣に立った。
Mentre l'autista si fermava per accendere la pipa, Dave colse l'ultima occasione.
運転手がパイプに火をつけるために立ち止まったとき、デイブは最後のチャンスをつかんだ。
Quando l'autista tornò e urlò, la squadra non avanzò.
運転手が戻ってきて叫んだが、チームは前進しなかった。
I cani avevano girato la testa, confusi dall'improvviso arresto.
犬たちは突然の停止に戸惑い、頭を振り返った。
Anche il conducente era scioccato: la slitta non si era mossa di un centimetro in avanti.
運転手もショックを受けた。そりは1インチも前に進んでいなかったのだ。
Chiamò gli altri perché venissero a vedere cosa era successo.

彼は他の人たちに何が起こったのか見に来るように呼びかけた。

Dave aveva masticato le redini di Solleks, spezzandole entrambe.
デイブはソレックスの手綱を噛み切って、両方とも壊してしまった。

Ora era di nuovo in piedi davanti alla slitta, nella sua giusta posizione.
今、彼は本来の位置に戻り、そりの前に立っていました。

Dave alzò lo sguardo verso l'autista, implorandolo silenziosamente di restare al passo.
デイブは運転手を見上げて、車線から外れないよう静かに懇願した。

L'autista era perplesso e non sapeva cosa fare per il cane in difficoltà.
運転手は、もがいている犬をどうしたらいいのかわからず困惑した。

Gli altri uomini parlavano di cani morti perché li avevano portati fuori.
他の男たちは、外に連れ出されて死んだ犬について話した。

Raccontavano di cani vecchi o feriti il cui cuore si era spezzato quando erano stati abbandonati.
彼らは、置き去りにされて心が張り裂けそうな老犬や怪我をした犬の話をした。

Concordarono che era un atto di misericordia lasciare che Dave morisse mentre era ancora imbrigliato.
彼らは、デイブがハーネスをつけたまま死なせるのが慈悲であると同意した。

Fu rimesso in sicurezza sulla slitta e Dave tirò con orgoglio.
彼はそりに再び固定され、デイブは誇らしげにそりを引っ張りました。

Anche se a volte gridava, lavorava come se il dolore potesse essere ignorato.

彼は時々叫び声をあげながらも、痛みを無視するかのように働き続けた。
Più di una volta cadde e fu trascinato prima di rialzarsi.
彼は一度ならず転倒し、引きずられてから再び立ち上がった。
A un certo punto la slitta gli rotolò addosso e da quel momento in poi zoppicò.
ある時、そりが彼の上を転がり落ち、彼はその時から足を引きずるようになった。
Nonostante ciò, lavorò finché non raggiunse l'accampamento e poi si sdraiò accanto al fuoco.
それでも彼はキャンプ地に着くまで働き、その後火のそばに横たわった。
Al mattino Dave era troppo debole per muoversi o anche solo per stare in piedi.
朝になると、デイブは歩くことも、まっすぐ立つこともできないほど衰弱していました。
Al momento di allacciare l'imbracatura, cercò di raggiungere il suo autista con sforzi tremanti.
馬具を装着する時間になると、彼は震える力で御者に近づこうとした。
Si sforzò di rialzarsi, barcollò e crollò sul terreno innevato.
彼は無理やり起き上がり、よろめいて雪の地面に倒れ込んだ。
Utilizzando le zampe anteriori, trascinò il suo corpo verso la zona dell'imbracatura.
彼は前足を使って、ハーネスエリアに向かって体を引きずっていった。
Si fece avanti, centimetro dopo centimetro, verso i cani da lavoro.
彼は働く犬たちに向かって、一歩ずつ前進した。
Le forze gli cedettero, ma continuò a muoversi nel suo ultimo disperato tentativo.
彼は力が尽きたが、最後の必死の努力で動き続けた。
I suoi compagni di squadra lo videro ansimare nella neve, ancora desideroso di unirsi a loro.

チームメイトたちは、彼が雪の中で息を切らしながらも、まだ彼らに加わることを切望しているのを見た。
Lo sentirono urlare di dolore mentre si lasciavano alle spalle l'accampamento.
彼らがキャンプを後にしたとき、彼が悲しみに暮れて叫んでいるのが聞こえた。
Mentre la squadra svaniva tra gli alberi, il grido di Dave risuonava dietro di loro.
チームが木々の中に消えていくと、デイブの叫び声が背後で響き渡った。
Il treno delle slitte si fermò brevemente dopo aver attraversato un tratto di fiume ricco di boschi.
そり列車は川沿いの林道を横切った後、しばらく停止した。
Il meticcio scozzese tornò lentamente verso l'accampamento alle sue spalle.
スコットランドの混血児は、後ろのキャンプに向かってゆっくりと歩いていった。
Gli uomini smisero di parlare quando lo videro scendere dal treno delle slitte.
男たちは彼がそり隊から去るのを見て、話すのをやめた。
Poi un singolo colpo di pistola risuonò chiaro e netto attraverso il sentiero.
そのとき、一発の銃声が道の向こうにはっきりと響き渡った。
L'uomo tornò rapidamente e prese il suo posto senza dire una parola.
男は何も言わずすぐに戻ってきて、自分の席に着いた。
Le fruste schioccavano, i campanelli tintinnavano e le slitte avanzavano sulla neve.
鞭が鳴り、鈴が鳴り、そりは雪の中を進んでいった。
Ma Buck sapeva cosa era successo, come tutti gli altri cani.
しかし、バックは何が起こったのかを知っていました。他の犬たちも同様でした。

La fatica delle redini e del sentiero
手綱と道の苦労

Trenta giorni dopo aver lasciato Dawson, la Salt Water Mail raggiunse Skaguay.
ドーソンを出発してから30日後、ソルト・ウォーター・メール号はスカグアイに到着した。
Buck e i suoi compagni di squadra presero il comando e arrivarono in condizioni pietose.
バックと彼のチームメイトは先頭を走り、悲惨な状態で到着した。
Buck era sceso da 140 a 150 chili.
バックの体重は140ポンドから115ポンドに減っていました。
Gli altri cani, sebbene più piccoli, avevano perso ancora più peso corporeo.
他の犬たちは、小さかったにもかかわらず、さらに体重が減っていました。
Pike, che una volta zoppicava fingendo, ora trascinava dietro di sé una gamba veramente ferita.
かつては偽の足を引きずっていたパイクは、今は本当に怪我をした足を引きずっている。
Solleks zoppicava gravemente e Dub aveva una scapola slogata.
ソレックスはひどく足を引きずっており、ダブは肩甲骨を捻挫していた。
Tutti i cani del team avevano i piedi doloranti a causa delle settimane trascorse sul sentiero ghiacciato.
チームの犬たちは全員、凍った道を数週間歩き続けたため足が痛かった。
Non avevano più slancio nei loro passi, solo un movimento lento e trascinato.
彼らの足取りにはもう弾力はなく、ただゆっくりと、引きずるように動いているだけだった。
I loro piedi colpivano il sentiero con forza e ogni passo aggiungeva ulteriore sforzo al loro corpo.

彼らの足は道を強く踏みしめ、一歩ごとに彼らの体にかかる負担は増していった。

Non erano malati, erano solo stremati oltre ogni possibile guarigione naturale.
彼らは病気だったわけではなく、ただ自然治癒できないほど衰弱していただけだった。

Non si trattava della stanchezza di una giornata faticosa, curata con una notte di riposo.
これは、一晩休めば治る、一日のハードな疲れではありませんでした。

Era una stanchezza accumulata lentamente attraverso mesi di sforzi estenuanti.
それは何ヶ月にもわたる厳しい努力によって徐々に蓄積された疲労でした。

Non era rimasta alcuna riserva di forze: avevano esaurito ogni energia a loro disposizione.
予備兵力は残っていなかった——彼らは持てる力をすべて使い果たしてしまったのだ。

Ogni muscolo, fibra e cellula del loro corpo era consumato e usurato.
彼らの体のあらゆる筋肉、繊維、細胞は消耗し、すり減っていました。

E c'era un motivo: avevano percorso duemilacinquecento miglia.
そして、それには理由があった。彼らは2500マイルもの距離を移動していたのだ。

Si erano riposati solo cinque giorni durante le ultime milleottocento miglia.
彼らは最後の1800マイルの間にたった5日間しか休んでいなかった。

Quando giunsero a Skaguay, sembrava che riuscissero a malapena a stare in piedi.
スカグアイに到着したとき、彼らはほとんど直立できない状態だった。

Facevano fatica a tenere le redini strette e a restare davanti alla slitta.

彼らは手綱をしっかり握ってそりより前に出ようと奮闘した。
Nei pendii in discesa riuscivano solo a evitare di essere investiti.
下り坂では、彼らは轢かれるのをなんとか避けることができた。
"Continuate a marciare, poveri piedi doloranti", disse l'autista mentre zoppicavano.
「痛む足よ、進め、哀れな者たちよ」と、運転手は足を引きずりながら言った。
"Questo è l'ultimo tratto, poi ci prenderemo tutti un lungo riposo, di sicuro."
「これが最後の区間です。その後は必ず全員長い休息が取れます。」
"Un riposo davvero lungo", promise, guardandoli barcollare in avanti.
「本当に長い休息だ」と彼は彼らがよろめきながら前進するのを見ながら約束した。
Gli autisti si aspettavano una lunga e necessaria pausa.
ドライバーたちは、これから長く必要な休憩が取れるだろうと期待していた。
Avevano percorso milleduecento miglia con solo due giorni di riposo.
彼らはたった二日間の休息で1200マイルも旅した。
Per correttezza e ragione, ritenevano di essersi guadagnati un po' di tempo per rilassarsi.
公平さと理性から判断して、彼らはリラックスする時間を得たと感じました。
Ma troppi erano giunti nel Klondike e troppo pochi erano rimasti a casa.
しかし、クロンダイクに来た人は多すぎ、家に残った人は少なすぎた。
Le lettere delle famiglie continuavano ad arrivare, creando pile di posta in ritardo.
家族からの手紙が殺到し、遅延した郵便物が山積みになった。

Arrivarono gli ordini ufficiali: i nuovi cani della Hudson Bay avrebbero preso il sopravvento.
正式な命令が届き、新しいハドソン湾犬が引き継ぐことになった。
I cani esausti, ormai considerati inutili, dovevano essere eliminati.
疲れ果てた犬たちは、今では価値がないとみなされ、処分されることになりました。
Poiché i soldi erano più importanti dei cani, venivano venduti a basso prezzo.
犬よりもお金の方が大切だったので、犬は安く売られることになった。
Passarono altri tre giorni prima che i cani si accorgessero di quanto fossero deboli.
犬たちが自分たちがどれほど弱っているかを実感するまで、さらに3日が経過しました。
La quarta mattina, due uomini provenienti dagli Stati Uniti acquistarono l'intera squadra.
4日目の朝、アメリカ人の男性2人がチーム全員を購入しました。
La vendita comprendeva tutti i cani e le loro imbracature usate.
販売対象には犬全員と、使い古したハーネスも含まれていた。
Mentre concludevano l'affare, gli uomini si chiamavano tra loro "Hal" e "Charles".
取引を終えると、二人は互いを「ハル」と「チャールズ」と呼び合った。
Charles era un uomo di mezza età, pallido, con labbra molli e folti baffi.
チャールズは中年で、青白く、唇は弱々しく、口ひげの先端は鋭かった。
Hal era un giovane, forse diciannove anni, che indossava una cintura imbottita di cartucce.
ハルは、弾薬を詰めたベルトを締めている、おそらく19歳くらいの若者だった。

Nella cintura erano contenuti un grosso revolver e un coltello da caccia, entrambi inutilizzati.
ベルトには大きなリボルバーと狩猟用ナイフが入っていたが、どちらも使われていなかった。
Dimostrava quanto fosse inesperto e inadatto alla vita nel Nord.
それは彼が北部の生活にいかに経験不足で不向きであるかを示していた。
Nessuno dei due uomini viveva in natura; la loro presenza sfidava ogni ragionevolezza.
どちらの男も荒野には属していなかった。彼らの存在はあらゆる理性を無視していた。
Buck osservava lo scambio di denaro tra l'acquirente e l'agente.
バックは買い手とエージェントの間でお金がやり取りされるのを見ていた。
Sapeva che i conducenti dei treni postali stavano abbandonando la sua vita come tutti gli altri.
彼は、郵便列車の運転手たちが他の人々と同じように彼の人生から去っていくことを知っていた。
Seguirono Perrault e François, ormai scomparsi.
彼らは、今ではもう呼び戻すことのできないペローとフランソワの後を追った。
Buck e la squadra vennero condotti al disordinato accampamento dei loro nuovi proprietari.
バックとチームは新しいオーナーの雑然としたキャンプに連れて行かれた。
La tenda cedeva, i piatti erano sporchi e tutto era in disordine.
テントはたわみ、食器は汚れ、すべてが乱雑に放置されていました。
Anche Buck notò una donna lì: Mercedes, moglie di Charles e sorella di Hal.
バックはそこにいる女性にも気づいた。メルセデス、チャールズの妻でありハルの妹だった。

Formavano una famiglia completa, anche se erano tutt'altro che adatti al sentiero.
彼らはトレイルにはまったく適していなかったが、完璧な家族だった。
Buck osservava nervosamente mentre il trio iniziava a impacchettare le provviste.
バックは、3人が荷物を詰め始めるのを不安そうに見守っていた。
Lavoravano duro ma senza ordine, solo confusione e sforzi sprecati.
彼らは一生懸命働きましたが、秩序がなく、ただ騒ぎ立てて無駄な努力をしました。
La tenda era arrotolata fino a formare una sagoma ingombrante, decisamente troppo grande per la slitta.
テントはかさばる形に丸められており、そりには大きすぎました。
I piatti sporchi venivano imballati senza essere stati né lavati né asciugati.
汚れた食器は全く洗浄も乾燥もされずに梱包されていました。
Mercedes svolazzava in giro, parlando, correggendo e intromettendosi in continuazione.
メルセデスは、あちこち飛び回りながら、絶えず話しかけたり、訂正したり、干渉したりしていた。
Quando le misero un sacco davanti, lei insistette perché lo mettesse dietro.
袋が前に置かれると、彼女はそれを後ろに置くよう主張しました。
Mise il sacco in fondo e un attimo dopo ne ebbe bisogno.
彼女は袋の底に荷物を詰め込み、次の瞬間にはそれが必要になった。
Quindi la slitta venne disimballata di nuovo per raggiungere quella specifica borsa.
そこで、特定のバッグに到達するために、そりを再度開梱しました。

Lì vicino, tre uomini stavano fuori da una tenda e osservavano la scena che si svolgeva.
近くでは、3人の男がテントの外に立って、その光景を見守っていた。
Sorrisero, ammiccarono e sogghignarono di fronte all'evidente confusione dei nuovi arrivati.
彼らは新参者の明らかな困惑に微笑み、ウインクし、ニヤリと笑った。
"Hai già un carico parecchio pesante", disse uno degli uomini.
「もうかなり重い荷物を背負っているね」と男の一人が言った。
"Non credo che dovresti portare quella tenda, ma la scelta è tua."
「そのテントを運ぶべきではないと思うが、それはあなたの選択だ。」
"Impensabile!" esclamò Mercedes, alzando le mani in segno di disperazione.
「夢にも思わなかった！」メルセデスは絶望して両手を上げて叫んだ。
"Come potrei viaggiare senza una tenda sotto cui dormire?"
「寝るためのテントなしでどうやって旅行できるの？」
«È primavera, non vedrai più il freddo», rispose l'uomo.
「春だよ。もう寒い天気は来ないよ」と男は答えた。
Ma lei scosse la testa e loro continuarono ad accumulare oggetti sulla slitta.
しかし彼女は首を横に振り、彼らはそりに荷物を積み続けました。
Il carico era pericolosamente alto mentre aggiungevano gli ultimi oggetti.
最後の荷物を追加すると、荷物は危険なほど高くなりました。
"Pensi che la slitta andrà avanti?" chiese uno degli uomini con aria scettica.
「そりは滑ると思いますか？」と男性の一人が疑わしげな表情で尋ねた。

"E perché non dovrebbe?" ribatté Charles con netto fastidio.
「なぜダメなんだ？」チャールズは激しく苛立ちながら言い返した。
"Oh, va bene", disse rapidamente l'uomo, evitando di offendersi.
「ああ、大丈夫ですよ」男は攻撃的な態度を避けながら、すぐに言った。
"Mi chiedevo solo: mi sembrava un po' troppo pesante nella parte superiore."
「ただ気になっただけです。ちょっとトップヘビーすぎるように見えたんです。」
Charles si voltò e legò il carico meglio che poté.
チャールズは向きを変えて、できる限り荷物を縛り付けた。
Ma le legature erano allentate e l'imballaggio nel complesso era fatto male.
しかし、縛りが緩んでおり、梱包も全体的に不十分でした。
"Certo, i cani tireranno così tutto il giorno", disse sarcasticamente un altro uomo.
「確かに、犬たちは一日中それを引っ張るだろうね」と別の男性が皮肉っぽく言った。
«Certamente», rispose Hal freddamente, afferrando il lungo timone della slitta.
「もちろんだ」ハルはそりの長いジーポールを掴みながら冷たく答えた。
Tenendo una mano sul palo, faceva roteare la frusta nell'altra.
彼は片手で棒を持ち、もう一方の手で鞭を振り回した。
"Andiamo!" urlò. "Muovetevi!", incitando i cani a partire.
「行くぞ！」と彼は叫んだ。「進め！」犬たちに出発を促した。
I cani si appoggiarono all'imbracatura e si sforzarono per qualche istante.
犬たちはハーネスに寄りかかり、しばらく力を入れていました。

Poi si fermarono, incapaci di spostare di un centimetro la slitta sovraccarica.
そして彼らは立ち止まり、荷物を積みすぎたそりを1インチも動かすことができなかった。

"Quei fannulloni!" urlò Hal, alzando la frusta per colpirli.
「怠け者の獣どもめ！」ハルは鞭を振り上げて奴らを殴りつけながら叫んだ。

Ma Mercedes si precipitò dentro e strappò la frusta dalle mani di Hal.
しかしメルセデスが駆け寄ってきてハルの手から鞭を奪い取った。

«Oh, Hal, non osare far loro del male», gridò allarmata.
「ああ、ハル、彼らを傷つけないで」彼女は驚いて叫んだ。

"Promettimi che sarai gentile con loro, altrimenti non farò un altro passo."
「彼らに優しくすると約束してください。そうしないと私はもう一歩も進めません。」

"Non sai niente di cani", scattò Hal contro la sorella.
「君は犬のことを何も知らないね」ハルは妹に言い放った。

"Sono pigri e l'unico modo per smuoverli è frustarli."
「彼らは怠け者なので、彼らを動かすには鞭打つしかないのです。」

"Chiedi a chiunque, chiedi a uno di quegli uomini laggiù se dubiti di me."
「誰に聞いても構いません。私を疑うなら、あそこにいる男の人に聞いてみてください。」

Mercedes guardò gli astanti con occhi imploranti e pieni di lacrime.
メルセデスは涙に濡れた目で懇願するような目で見物人たちを見つめた。

Il suo viso rivelava quanto odiasse la vista di qualsiasi dolore.
彼女の顔を見れば、どんな痛みを見るのもどれほど嫌っているかがわかった。

"Sono deboli, tutto qui", ha detto un uomo. "Sono sfiniti."
「ただ弱っているだけだ」とある男性は言った。「疲れ切っているんだ」
"Hanno bisogno di riposare: hanno lavorato troppo a lungo senza una pausa."
「彼らには休息が必要です。休みなく長時間働きすぎているのです。」
«Che il resto sia maledetto», borbottò Hal arricciando il labbro.
「呪われろ」ハルは唇を歪めて呟いた。
Mercedes sussultò, visibilmente addolorata per le parole volgari pronunciate da lui.
メルセデスは、彼のひどい言葉に明らかに傷つき、息を呑んだ。
Ciononostante, lei rimase leale e difese immediatamente il fratello.
それでも彼女は忠誠を貫き、即座に兄を擁護した。
"Non badare a quell'uomo", disse ad Hal. "Sono i nostri cani."
「あの男のことは気にしないで」と彼女はハルに言った。「あの人たちは私たちの犬よ」
"Li guidi come meglio credi: fai ciò che ritieni giusto."
「あなたは自分が適切だと思うように運転します。あなたが正しいと思うことをしてください。」
Hal sollevò la frusta e colpì di nuovo i cani senza pietà.
ハルは鞭を振り上げ、容赦なく再び犬たちを叩いた。
Si lanciarono in avanti, con i corpi bassi e i piedi che affondavano nella neve.
彼らは体を低くし、足を雪の中に押し付けながら前方に突進した。
Tutta la loro forza era concentrata nel traino, ma la slitta non si muoveva.
全員の力を込めてそりを引っ張ったが、そりは動かなかった。
La slitta rimase bloccata, come un'ancora congelata nella neve compatta.

そりは、固まった雪の中に凍りついた錨のように動けなくなった。

Dopo un secondo tentativo, i cani si fermarono di nuovo, ansimando forte.

二度目の努力の後、犬たちは激しく息を切らしながら再び立ち止まりました。

Hal sollevò di nuovo la frusta, proprio mentre Mercedes interferiva di nuovo.

ハルは再び鞭を振り上げたが、そのときメルセデスがまたもや介入した。

Si lasciò cadere in ginocchio davanti a Buck e gli abbracciò il collo.

彼女はバックの前でひざまずき、彼の首を抱きしめた。

Le lacrime le riempivano gli occhi mentre implorava il cane esausto.

疲れ果てた犬に懇願する彼女の目には涙が溢れていた。

"Poveri cari", disse, "perché non tirate più forte?"

「かわいそうに」と彼女は言った。「もっと強く引っ張ったらどう？」

"Se tiri, non verrai frustato così."

「引っ張ったら、こんな風に鞭打たれちゃ駄目だよ」

A Buck non piaceva Mercedes, ma ormai era troppo stanco per resisterle.

バックはメルセデスが嫌いだったが、今は疲れすぎて彼女に抵抗できなかった。

Lui accettò le sue lacrime come se fossero solo un'altra parte di quella giornata miserabile.

彼は彼女の涙を、その悲惨な一日の出来事として受け止めた。

Uno degli uomini che osservavano, dopo aver represso la rabbia, finalmente parlò.

見ていた男の一人が、怒りを抑えてようやく口を開いた。

"Non mi interessa cosa succede a voi, ma quei cani sono importanti."

「あなたたちに何が起ころうと構わないが、あの犬たちは大事だ。」
"Se vuoi aiutare, stacca quella slitta: è ghiacciata e innevata."
「助けたいなら、そりを解いてください。雪に凍り付いていますよ。」
"Spingi con forza il palo della luce, a destra e a sinistra, e rompi il sigillo di ghiaccio."
「ジーポールを左右に強く押して、氷の封印を破ってください。」
Fu fatto un terzo tentativo, questa volta seguendo il suggerimento dell'uomo.
3度目の試みは、今度は男性の提案に従って行われた。
Hal fece oscillare la slitta da una parte all'altra, facendo staccare i pattini.
ハルはそりを左右に揺らして、ランナーを外した。
La slitta, benché sovraccarica e scomoda, alla fine sobbalzò in avanti.
そりは、荷物を積みすぎて不格好だったが、ついによろめきながら前進した。
Buck e gli altri tirarono selvaggiamente, spinti da una tempesta di frustate.
バックと他の者たちは、むち打ちの嵐に駆られて、激しく引っ張った。
Un centinaio di metri più avanti, il sentiero curvava e scendeva in pendenza verso la strada.
100ヤードほど進むと、道はカーブして道路へと続いていました。
Ci sarebbe voluto un guidatore esperto per tenere la slitta in posizione verticale.
そりをまっすぐに保つには熟練した運転手が必要だっただろう。
Hal non era abile e la slitta si ribaltò mentre svoltava.
ハルは熟練していなかったので、そりはカーブを曲がるときに傾いてしまいました。
Le cinghie allentate cedettero e metà del carico si rovesciò sulla neve.

緩んだ縛りが崩れ、荷物の半分が雪の上にこぼれ落ちた。
I cani non si fermarono; la slitta più leggera continuò a procedere su un fianco.
犬たちは止まらず、軽いそりは横向きに進んでいった。
I cani, furiosi per i maltrattamenti e per il peso del carico, corsero più veloci.
虐待と重い荷物に怒った犬たちは、さらに速く走りました。
Buck, infuriato, si lanciò a correre, seguito dalla squadra.
バックは激怒して走り出し、チームはその後を追った。
Hal urlò "Whoa! Whoa!" ma la squadra non gli prestò attenzione.
ハルは「うわっ！うわっ！」と叫んだが、チームは彼に注意を払わなかった。
Inciampò, cadde e fu trascinato a terra dall'imbracatura.
彼はつまずいて転倒し、ハーネスによって地面に引きずられました。
La slitta rovesciata lo travolse mentre i cani continuavano a correre avanti.
犬たちが先を走り去る中、ひっくり返ったそりが彼の上を転がり落ちた。
Il resto delle provviste è sparso lungo la trafficata strada di Skaguay.
残りの物資はスカグアイの賑やかな通りに散らばっていた。
Le persone di buon cuore si precipitarono a fermare i cani e a raccogliere l'attrezzatura.
心優しい人々が急いで犬を止め、道具を集めました。
Diedero anche consigli schietti e pratici ai nuovi viaggiatori.
彼らはまた、新しい旅行者に率直かつ実践的なアドバイスを与えました。
"Se vuoi raggiungere Dawson, prendi metà del carico e raddoppia i cani."
「ドーソンに着きたいなら、荷物を半分にして犬を倍にしてください。」

Hal, Charles e Mercedes ascoltarono, anche se non con entusiasmo.
ハル、チャールズ、メルセデスは熱心ではなかったものの、耳を傾けた。
Montarono la tenda e cominciarono a sistemare le loro provviste.
彼らはテントを張り、物資を整理し始めた。
Ne uscirono dei cibi in scatola, che fecero ridere a crepapelle gli astanti.
缶詰が出てきて、見物人は大笑いした。
"Roba in scatola sul sentiero? Morirai di fame prima che si sciolga", disse uno.
「道に缶詰があるなんて？溶ける前に餓死しちゃうよ」と、ある人は言った。
"Coperte d'albergo? Meglio buttarle via tutte."
「ホテルの毛布？全部捨てた方がいいですよ」
"Togli anche la tenda e qui nessuno laverà più i piatti."
「テントも撤去したら、ここで皿を洗う人は誰もいなくなるよ。」
"Pensi di viaggiare su un treno Pullman con dei servitori a bordo?"
「あなたは、乗客が乗っているプルマン列車に乗っていると思っているのですか？」
Il processo ebbe inizio: ogni oggetto inutile venne gettato da parte.
プロセスが始まりました。役に立たないアイテムはすべて脇に投げ捨てられました。
Mercedes pianse quando le sue borse furono svuotate sul terreno innevato.
メルセデスは、バッグの中身が雪の地面に空けられたとき、泣きました。
Singhiozzava per ogni oggetto buttato via, uno per uno, senza sosta.
彼女は、投げ出された品物の一つ一つを見つめながら、休むことなく泣き続けた。

Giurò di non fare un altro passo, nemmeno per dieci Charles.
彼女はもう一歩も進まないと誓った。たとえ10チャールズでも。
Pregò ogni persona vicina di lasciarle conservare le sue cose preziose.
彼女は近くにいる人一人一人に、大切なものを預けてくれるよう頼みました。
Alla fine si asciugò gli occhi e cominciò a gettare via anche i vestiti più importanti.
ついに彼女は目を拭いて、大切な服さえも投げ捨て始めた。
Una volta terminato il suo, cominciò a svuotare le scorte degli uomini.
自分のものを片付け終わると、彼女は男性用のものを空にし始めた。
Come un turbine, fece a pezzi gli effetti personali di Charles e Hal.
彼女はまるで旋風のようにチャールズとハルの持ち物を破壊した。
Sebbene il carico fosse dimezzato, era comunque molto più pesante del necessario.
荷物は半分になったが、それでもまだ必要以上に重かった。
Quella notte, Charles e Hal uscirono e comprarono sei nuovi cani.
その夜、チャールズとハルは出かけて6匹の新しい犬を買いました。
Questi nuovi cani si unirono ai sei originali, più Teek e Koona.
これらの新しい犬は、元々の 6 匹と、ティークとクーナに加わりました。
Insieme formarono una squadra di quattordici cani attaccati alla slitta.
彼らは一緒に、そりに繋がれた14匹の犬のチームを結成しました。

Ma i nuovi cani erano inadatti e poco addestrati per il lavoro con la slitta.
しかし、新しい犬たちはそり遊びには不向きで、十分な訓練も受けていませんでした。
Tre dei cani erano cani da caccia a pelo corto, mentre uno era un Terranova.
犬のうち3匹は短毛ポインターで、1匹はニューファンドランドでした。
Gli ultimi due cani erano meticci senza alcuna razza o scopo ben definito.
最後の2匹の犬は、品種も用途もまったくわからない雑種犬でした。
Non capivano il percorso e non lo imparavano in fretta.
彼らは道を理解しておらず、すぐに習得することもできませんでした。
Buck e i suoi compagni li osservavano con disprezzo e profonda irritazione.
バックとその仲間たちは軽蔑と強い苛立ちの気持ちで彼らを見ていた。
Sebbene Buck insegnasse loro cosa non fare, non poteva insegnare loro il dovere.
バックは彼らに何をしてはいけないかを教えたが、義務を教える事はできなかった。
Non amavano la vita sui sentieri né la trazione delle redini e delle slitte.
彼らは、山道を歩く生活や手綱やそりの引くことにあまり慣れていなかった。
Soltanto i bastardi cercarono di adattarsi, e anche a loro mancava lo spirito combattivo.
適応しようとしたのは雑種犬だけだったが、彼らにさえ闘志が欠けていた。
Gli altri cani erano confusi, indeboliti e distrutti dalla loro nuova vita.
他の犬たちは新しい生活に混乱し、弱り果て、打ちのめされました。

Con i nuovi cani all'oscuro e i vecchi esausti, la speranza era flebile.
新しい犬たちは何も分からず、古い犬たちは疲れ果てていたので、希望は薄かった。
La squadra di Buck aveva percorso duemilacinquecento miglia di sentiero accidentato.
バックのチームは2500マイルの厳しい道を歩いた。
Ciononostante, i due uomini erano allegri e orgogliosi della loro grande squadra di cani.
それでも、二人の男は明るく、自分たちの大型犬チームを誇りに思っていた。
Pensavano di viaggiare con stile, con quattordici cani al seguito.
彼らは14匹の犬を連れて優雅に旅をしていると思っていた。
Avevano visto delle slitte partire per Dawson e altre arrivarne.
彼らは、ドーソンに向けて出発するそりや、そこから到着するそりを見た。
Ma non ne avevano mai vista una trainata da ben quattordici cani.
しかし、14匹もの犬に引かれる馬は見たことがなかった。
C'era un motivo per cui squadre del genere erano rare nelle terre selvagge dell'Artico.
北極の荒野でそのようなチームが珍しいのには理由がありました。
Nessuna slitta poteva trasportare cibo sufficiente a sfamare quattordici cani per l'intero viaggio.
旅の間、14匹の犬に食べさせるのに十分な食料を運ぶことのできるそりはなかった。
Ma Charles e Hal non lo sapevano: avevano fatto i calcoli.
しかし、チャールズとハルはそれを知らなかった――彼らは計算していたのだ。
Hanno pianificato la razione di cibo: una certa quantità per cane, per un certo numero di giorni, fatta.

彼らは餌の量を計算しました。犬1匹につきこれだけの量、何日分、これで完了です。

Mercedes guardò i numeri e annuì come se avessero senso.
メルセデスは彼らの姿を見て、納得したかのようにうなずいた。

Tutto le sembrava molto semplice, almeno sulla carta.
少なくとも書類の上では、彼女にとってはすべてが非常に単純に思えた。

La mattina seguente, Buck guidò lentamente la squadra lungo la strada innevata.
翌朝、バックは一行を率いて雪の積もった道をゆっくりと登っていった。

Non c'era né energia né spirito in lui e nei cani dietro di lui.
彼にも、彼の後ろにいる犬たちにも、エネルギーも気力もありませんでした。

Erano stanchi morti fin dall'inizio: non avevano più riserve.
彼らは最初からひどく疲れていて、余力は残っていませんでした。

Buck aveva già fatto quattro viaggi tra Salt Water e Dawson.
バックはすでにソルトウォーターとドーソンの間を4回往復していた。

Ora, di fronte alla stessa pista, non provava altro che amarezza.
今、再び同じ道に直面して、彼はただ苦々しい思いしか感じなかった。

Il suo cuore non c'era, e nemmeno quello degli altri cani.
彼の心はそこになかったし、他の犬たちの心もそこになかった。

I nuovi cani erano timidi e gli husky non si fidavano per niente.
新しい犬たちは臆病で、ハスキー犬たちは全く信頼を寄せていなかった。

Buck capì che non poteva fare affidamento su quei due uomini o sulla loro sorella.

バックは、この二人の男やその妹には頼れないと感じた。

Non sapevano nulla e non mostravano alcun segno di apprendimento lungo il percorso.
彼らは何も知らず、道中で学ぶ気配も見せなかった。
Erano disorganizzati e privi di qualsiasi senso di disciplina.
彼らは無秩序であり、規律感覚が欠如していました。
Ogni volta impiegavano metà della notte per allestire un accampamento malmesso.
毎回、雑なキャンプを設営するのに半夜かかりました。
E metà della mattina successiva la trascorsero di nuovo armeggiando con la slitta.
そして彼らは翌朝の半分を再びそりをいじくり回しながら過ごした。
Spesso a mezzogiorno si fermavano solo per sistemare il carico irregolare.
正午になると、荷物の不均等を修正するためだけに作業が止まることもよくありました。
In alcuni giorni percorsero meno di dieci miglia in totale.
ある日には、合計で10マイル未満しか移動しませんでした。
Altri giorni non riuscivano proprio ad abbandonare l'accampamento.
他の日には、キャンプからまったく出られなかった。
Non sono mai riusciti a coprire la distanza alimentare prevista.
彼らは計画していた食料調達距離をカバーすることに決して近づきませんでした。
Come previsto, il cibo per i cani finì molto presto.
予想通り、犬の餌はすぐに足りなくなってしまいました。
Nei primi tempi hanno peggiorato ulteriormente la situazione con l'eccesso di cibo.
彼らは初期の頃に餌を与えすぎたために事態を悪化させました。

Ciò rendeva la carestia sempre più vicina, con ogni razione disattenta.
こうすると、不注意な配給のたびに飢餓が近づいていった。
I nuovi cani non avevano ancora imparato a sopravvivere con molto poco.
新しい犬たちは、ほんのわずかなもので生き延びることを学んでいなかった。
Mangiarono avidamente, con un appetito troppo grande per il sentiero.
彼らは道中、空腹のまま食べ続けた。
Vedendo i cani indebolirsi, Hal pensò che il cibo non fosse sufficiente.
犬たちが弱っていくのを見て、ハルは食べ物が十分ではなかったと考えた。
Raddoppiò le razioni, peggiorando ulteriormente l'errore.
彼は食料を倍増させたが、その結果、間違いはさらに悪化した。
Mercedes aggravò il problema con le sue lacrime e le sue suppliche sommesse.
メルセデスは涙と優しい嘆願で問題をさらに悪化させた。
Quando non riuscì a convincere Hal, diede da mangiare ai cani di nascosto.
ハルを説得できなかったので、彼女はこっそりと犬たちに餌を与えた。
Rubò il pesce dai sacchi e glielo diede alle spalle.
彼女は魚袋から盗み、彼に内緒で彼らにそれを渡した。
Ma ciò di cui i cani avevano veramente bisogno non era altro cibo: era riposo.
しかし、犬たちが本当に必要としていたのは、より多くの食べ物ではなく、休息でした。
Nonostante la loro scarsa velocità, la pesante slitta continuava a procedere.
彼らの進みは遅かったが、重いそりは依然として引きずりながら進んでいった。

Quel peso da solo esauriva ogni giorno le loro forze rimanenti.
その重さだけで、彼らの残りの体力は毎日消耗していきました。
Poi arrivò la fase della sottoalimentazione, quando le scorte scarseggiavano.
その後、食料が不足し、給餌不足の段階になりました。
Una mattina Hal si accorse che metà del cibo per cani era già finito.
ある朝、ハルはドッグフードがすでに半分なくなっていることに気づきました。
Avevano percorso solo un quarto della distanza totale del sentiero.
彼らはトレイルの総距離の4分の1しか歩いていなかった。
Non si poteva più comprare cibo, a qualunque prezzo.
いくら値段をつけても、もう食べ物を買うことはできなかった。
Ridusse le porzioni dei cani al di sotto della razione giornaliera standard.
彼は犬への餌の量を標準的な1日の配給量よりも減らした。
Allo stesso tempo, chiese di viaggiare più a lungo per compensare la perdita.
同時に、彼は損失を補うためにさらに長い旅程を要求した。
Mercedes e Charles appoggiarono questo piano, ma fallirono nella sua realizzazione.
メルセデスとチャールズはこの計画を支持したが、実行には失敗した。
La loro pesante slitta e la mancanza di abilità rendevano il progresso quasi impossibile.
彼らのそりは重く、技術も不足していたため、前進することはほとんど不可能でした。
Era facile dare meno cibo, ma impossibile forzare uno sforzo maggiore.

食べ物を減らすのは簡単でしたが、さらに努力を強制することは不可能でした。

Non potevano partire prima, né viaggiare per ore extra.

早く出発することも、長時間移動することもできませんでした。

Non sapevano come gestire i cani, e nemmeno loro stessi, a dire il vero.

彼らは犬をどう扱えばいいのか知らなかったし、実際のところ、自分自身のことも知らなかった。

Il primo cane a morire fu Dub, lo sfortunato ma laborioso ladro.

最初に死んだ犬は、不運ではあるが働き者の泥棒、ダブでした。

Sebbene spesso punito, Dub aveva fatto la sua parte senza lamentarsi.

ダブは何度も罰せられたが、文句も言わず自分の役割を果たしてきた。

La sua spalla ferita peggiorò se non ricevette cure adeguate e non ebbe bisogno di riposo.

適切な治療も休息も受けなかったため、負傷した肩は悪化していった。

Alla fine, Hal usò la pistola per porre fine alle sofferenze di Dub.

ついにハルはリボルバーを使いダブの苦しみを終わらせた。

Un detto comune afferma che i cani normali muoiono se vengono nutriti con razioni di husky.

よく言われるように、普通の犬はハスキー犬用の餌を与えると死んでしまうそうです。

I sei nuovi compagni di Buck avevano ricevuto solo metà della quota di cibo riservata all'husky.

バックの新しい仲間6匹は、ハスキーの半分の量の食べ物しか食べられなかった。

Il Terranova morì per primo, seguito dai tre cani da caccia a pelo corto.

最初にニューファンドランドが死亡し、続いて3匹のショートヘアード・ポインターが死亡した。
I due bastardi resistettero più a lungo ma alla fine morirono come gli altri.
二匹の雑種犬は長く持ちこたえましたが、最終的には他の犬たちと同じように死んでしまいました。
Ormai tutti i comfort e la gentilezza del Southland erano scomparsi.
この時までに、サウスランドの快適さと穏やかさはすべて失われていました。
Le tre persone avevano perso le ultime tracce della loro educazione civile.
三人は文明的な育ちの最後の痕跡を捨て去った。
Spogliato di glamour e romanticismo, il viaggio nell'Artico è diventato brutalmente reale.
魅力とロマンが削ぎ落とされ、北極旅行は残酷な現実となった。
Era una realtà troppo dura per il loro senso di virilità e femminilità.
それは彼らの男らしさ、女らしさの感覚にとってあまりに厳しい現実だった。
Mercedes non piangeva più per i cani, ma piangeva solo per se stessa.
メルセデスはもう犬たちのことで泣かず、自分のことだけを思って泣いていた。
Trascorreva il tempo piangendo e litigando con Hal e Charles.
彼女はハルとチャールズと泣きながら喧嘩して時間を過ごした。
Litigare era l'unica cosa per cui non si stancavano mai.
喧嘩だけは彼らにとって決して疲れることのない唯一のことだった。
La loro irritabilità derivava dalla miseria, cresceva con essa e la superava.
彼らの怒りは悲惨さから生まれ、悲惨さとともに大きくなり、悲惨さを超えました。

La pazienza del cammino, nota a coloro che faticano e soffrono con generosità, non è mai arrivata.
労苦を惜しまず親切に苦しむ人々に知られる道の忍耐は、決して訪れなかった。
Quella pazienza che rende dolce la parola nonostante il dolore, era a loro sconosciuta.
苦痛の中でも言葉を優しく保つその忍耐力は彼らには知られていなかった。
Non avevano alcun briciolo di pazienza, nessuna forza derivante dalla sofferenza con grazia.
彼らには忍耐のかけらもなく、苦しみから恩恵を得て得られる強さもなかった。
Erano irrigiditi dal dolore: dolori nei muscoli, nelle ossa e nel cuore.
彼らは痛みで体が硬直し、筋肉、骨、心臓が痛みました。
Per questo motivo, divennero taglienti nella lingua e pronti a pronunciare parole dure.
このため、彼らは口が悪く、厳しい言葉をすぐに口にするようになった。
Ogni giorno iniziava e finiva con voci arrabbiate e lamentele amare.
毎日は怒りの声と苦々しい不満で始まり、終わりました。
Charles e Hal litigavano ogni volta che Mercedes ne dava loro l'occasione.
チャールズとハルは、メルセデスが機会を与えるたびに口論した。
Ogni uomo credeva di aver fatto più del dovuto.
それぞれの男たちは、自分が与えられた仕事以上の成果をあげたと信じていた。
Nessuno dei due ha mai perso l'occasione di dirlo, ancora e ancora.
二人とも、何度も何度もそう言う機会を逃さなかった。
A volte Mercedes si schierava con Charles, a volte con Hal.

メルセデスは時々チャールズの味方をし、時々ハルの味方をしました。
Ciò portò a una grande e infinita lite tra i tre.
このことが、3人の間で壮大で終わりのない争いを引き起こした。
La disputa su chi dovesse tagliare la legna da ardere divenne incontrollabile.
誰が薪を割るべきかという争いが制御不能になった。
Ben presto vennero nominati padri, madri, cugini e parenti defunti.
すぐに、父親、母親、いとこ、亡くなった親戚の名前が挙げられました。
Le opinioni di Hal sull'arte o sulle opere teatrali di suo zio divennero parte della lotta.
ハルの芸術や叔父の演劇に対する見解が戦いの一部となった。
Anche le convinzioni politiche di Carlo entrarono nel dibattito.
チャールズの政治的信念も議論に加わった。
Per Mercedes, perfino i pettegolezzi della sorella del marito sembravano rilevanti.
メルセデスにとっては、夫の妹の噂話さえも関係があるように思えた。
Espresse la sua opinione su questo e su molti dei difetti della famiglia di Charles.
彼女はそのことやチャールズの家族の多くの欠点について意見を述べた。
Mentre discutevano, il fuoco rimase spento e l'accampamento mezzo allestito.
彼らが言い争っている間にも火は消えたままで、キャンプの準備は半分整ったままだった。
Nel frattempo i cani erano rimasti infreddoliti e senza cibo.
その間、犬たちは寒さに震え、食べ物もありませんでした。
Mercedes nutriva un risentimento che considerava profondamente personale.

メルセデスは、非常に個人的な恨みを抱いていた。
Si sentiva maltrattata in quanto donna e le venivano negati i suoi gentili privilegi.
彼女は女性として不当な扱いを受け、優しい特権を否定されたと感じました。
Era carina e gentile, e per tutta la vita era stata abituata alla cavalleria.
彼女は可愛らしくて優しく、生涯を通じて騎士道精神を貫きました。
Ma suo marito e suo fratello ora la trattavano con impazienza.
しかし、彼女の夫と兄は彼女を苛立たせる態度を取った。
Aveva l'abitudine di comportarsi in modo impotente e loro cominciarono a lamentarsi.
彼女は無力なふりをするのが癖だったので、彼らは文句を言い始めました。
Offesa da ciò, rese loro la vita ancora più difficile.
彼女はこれに腹を立て、彼らの生活をさらに困難なものにした。
Ignorò i cani e insistette per guidare lei stessa la slitta.
彼女は犬を無視して自分でそりに乗ることを主張した。
Sebbene sembrasse esile, pesava centoventi libbre (circa quaranta chili).
彼女は見た目は痩せ型だったが、体重は120ポンドあった。
Quel peso aggiuntivo era troppo per i cani affamati e deboli.
その追加の負担は、飢えて弱っている犬たちにとっては大きすぎました。
Nonostante ciò, continuò a cavalcare per giorni, finché i cani non crollarono nelle redini.
それでも彼女は何日も馬に乗り続け、ついには犬たちが手綱を握れなくなってしまった。
La slitta si fermò e Charles e Hal la implorarono di proseguire a piedi.

そりは止まってしまい、チャールズとハルは彼女に歩いて行くように頼みました。
Loro la implorarono e la scongiurarono, ma lei pianse e li definì crudeli.
彼らは嘆願し、懇願したが、彼女は泣きながら彼らを残酷だと非難した。
In un'occasione, la tirarono giù dalla slitta con pura forza e rabbia.
ある時、彼らは怒りと力で彼女をそりから引きずり落とした。
Dopo quello che accadde quella volta non ci riprovarono più.
彼らは、あの時の出来事以降、二度と試みることはなかった。
Si accasciò come una bambina viziata e si sedette nella neve.
彼女は甘やかされた子供のように力が抜けて雪の中に座った。
Continuarono a muoversi, ma lei si rifiutò di alzarsi o di seguirli.
彼らは先に進みましたが、彼女は立ち上がることも、後を追うことも拒否しました。
Dopo tre miglia si fermarono, tornarono indietro e la riportarono indietro.
3マイル進んだところで彼らは立ち止まり、戻って彼女を抱きかかえて戻った。
La ricaricarono sulla slitta, usando ancora una volta la forza bruta.
彼らは再び腕力を使って彼女をそりに乗せた。
Nella loro profonda miseria, erano insensibili alla sofferenza dei cani.
彼らは深い悲しみのあまり、犬たちの苦しみに無関心だった。
Hal credeva che fosse necessario indurirsi e impose questa convinzione agli altri.
ハルは、人は心を強くしなければならないと信じ、その信念を他の人に押し付けました。

Inizialmente ha cercato di predicare la sua filosofia a sua sorella
彼はまず妹に自分の哲学を説こうとした
e poi, senza successo, predicò al cognato.
そして、彼は義理の兄弟に説教したが、効果はなかった。
Ebbe più successo con i cani, ma solo perché li ferì.
彼は犬に対してはより大きな成功を収めたが、それは彼が犬を傷つけたからに過ぎなかった。
Da Five Fingers, il cibo per cani è rimasto completamente vuoto.
ファイブ・フィンガーズでは、ドッグフードが完全になくなってしまいました。
Una vecchia squaw sdentata vendette qualche chilo di pelle di cavallo congelata
歯のない老婆が数ポンドの凍った馬皮を売った
Hal scambiò la sua pistola con la pelle di cavallo secca.
ハルはリボルバーを乾燥した馬の皮と交換した。
La carne proveniva dai cavalli affamati di allevatori di bovini, morti mesi prima.
その肉は数ヶ月前に牧場主の飢えた馬から採取されたものだった。
Congelata, la pelle era come ferro zincato: dura e immangiabile.
凍った皮は亜鉛メッキされた鉄のようになり、硬くて食べられませんでした。
Per riuscire a mangiarla, i cani dovevano masticare la pelle senza sosta.
犬たちは皮を食べるために果てしなく噛み続けなければなりませんでした。
Ma le corde coriacee e i peli corti non erano certo un nutrimento.
しかし、革のような紐と短い毛は、ほとんど栄養にはなりませんでした。
La maggior parte della pelle era irritante e non era cibo in senso stretto.

皮のほとんどは刺激が強く、本当の意味で食べ物ではありませんでした。

E nonostante tutto, Buck barcollava davanti a tutti, come in un incubo.

そしてその間中、バックは悪夢の中のように先頭でよろめいていた。

Quando poteva, tirava; quando non poteva, restava lì finché non veniva sollevato dalla frusta o dal bastone.

彼はできるときは引っ張り、できないときは鞭か棍棒で起こされるまで横たわっていた。

Il suo pelo fine e lucido aveva perso tutta la rigidità e la lucentezza di un tempo.

彼の上質で光沢のある毛皮は、かつての硬さと輝きをすっかり失っていました。

I suoi capelli erano flosci, spettinati e pieni di sangue rappreso a causa dei colpi.

彼の髪はだらりと垂れ下がり、殴打による乾いた血で固まっていた。

I suoi muscoli si ridussero a midolli e i cuscinetti di carne erano tutti consumati.

彼の筋肉は縮んで紐のようになり、肉のパッドはすべてすり減っていました。

Ogni costola, ogni osso erano chiaramente visibili attraverso le pieghe della pelle rugosa.

しわくちゃの皮膚のひだを通して、肋骨の一本一本、骨の一本一本がはっきりと見えました。

Fu straziante, ma il cuore di Buck non riuscì a spezzarsi.

それは胸が張り裂けるような出来事だったが、バックの心は折れることはできなかった。

L'uomo con il maglione rosso lo aveva testato e dimostrato molto tempo prima.

赤いセーターを着た男はずっと前にそれをテストして証明していました。

Così come accadde a Buck, accadde anche a tutti i suoi compagni di squadra rimasti.

バックの場合と同じように、残りのチームメイト全員も同様でした。

Ce n'erano sette in totale, ognuno uno scheletro ambulante di miseria.

全部で 7 人がいて、それぞれが悲惨さの歩く骸骨でした。

Erano diventati insensibili alle fruste e sentivano solo un dolore distante.

彼らは鞭打ちにも麻痺し、遠くの痛みしか感じなくなっていた。

Anche la vista e i suoni li raggiungevano debolmente, come attraverso una fitta nebbia.

濃い霧を通してのように、視覚や聴覚さえもかすかに彼らに届いた。

Non erano mezzi vivi: erano ossa con deboli scintille al loro interno.

彼らは半分生きているわけではなく、内部にかすかな火花を散らしている骨だった。

Una volta fermati, crollarono come cadaveri, con le scintille quasi del tutto spente.

止まると、彼らは死体のように崩れ落ち、火花はほとんど消えてしまいました。

E quando la frusta o il bastone colpivano di nuovo, le scintille sfarfallavano debolmente.

そして鞭か棍棒が再び打たれると、火花が弱々しく舞い上がった。

Poi si alzarono, barcollarono in avanti e trascinarono le loro membra in avanti.

それから彼らは立ち上がり、よろめきながら前に進み、手足を引きずりながら前に進みました。

Un giorno il gentile Billee cadde e non riuscì più a rialzarsi.

ある日、優しいビリーは倒れてしまい、もう起き上がることができなくなってしまいました。

Hal aveva scambiato la sua pistola con quella di Billee, così decise di ucciderla con un'ascia.

ハルはリボルバーを交換していたので、代わりに斧を使ってビリーを殺した。
Lo colpì alla testa, poi gli tagliò il corpo e lo trascinò via.
彼は男の頭を殴り、その体を切り離して引きずり出した。
Buck se ne accorse, e così fecero anche gli altri: sapevano che la morte era vicina.
バックはこれを見て、他の者たちもそれを見て、死が近いことを悟った。
Il giorno dopo Koona se ne andò, lasciando solo cinque cani nel gruppo affamato.
翌日、クーナは出発し、飢えたチームには5匹の犬だけが残されました。
Joe, non più cattivo, era ormai troppo fuori di sé per rendersi conto di nulla.
ジョーは、もう意地悪ではなかったが、あまりにもひどく気が狂っていて、ほとんど何も分かっていなかった。
Pike, ormai non fingeva più di essere ferito, era appena cosciente.
パイクは、もはや怪我を偽ることはなく、ほとんど意識がなかった。
Solleks, ancora fedele, si rammaricava di non avere più la forza di dare.
ソレックスは依然忠実であり、与える力がないことを嘆いた。
Teek fu battuto più di tutti perché era più fresco, ma stava calando rapidamente.
ティークは、より元気だったが急速に衰えていたため、最も打撃を受けた。
E Buck, ancora in testa, non mantenne più l'ordine né lo fece rispettare.
そして、依然として先頭に立っていたバックは、もはや秩序を維持したり強制したりしなくなった。
Mezzo accecato dalla debolezza, Buck seguì la pista solo a tentoni.

衰弱して半分目が見えなくなったバックは、感覚だけを頼りに道を追った。

Era una bellissima primavera, ma nessuno di loro se ne accorse.

美しい春の天気だったが、誰もそれに気づかなかった。

Ogni giorno il sole sorgeva prima e tramontava più tardi.

毎日、太陽は以前よりも早く昇り、遅く沈むようになりました。

Alle tre del mattino era già spuntata l'alba; il crepuscolo durò fino alle nove.

午前3時までに夜明けが訪れ、夕暮れは9時まで続いた。

Le lunghe giornate erano illuminate dal sole primaverile.

長い日々は、まばゆいばかりの春の太陽の光で満たされていた。

Il silenzio spettrale dell'inverno si era trasformato in un caldo mormorio.

冬の幽霊のような静寂は、暖かいささやきに変わっていた。

Tutta la terra si stava svegliando, animata dalla gioia degli esseri viventi.

全地は目覚め、生き物たちの喜びで活気づいていた。

Il suono proveniva da ciò che era rimasto morto e immobile per tutto l'inverno.

その音は、冬の間ずっと死んで動かなかったものから聞こえてきた。

Ora quelle cose si mossero di nuovo, scrollandosi di dosso il lungo sonno del gelo.

今、それらは長い凍てつく眠りから覚め、再び動き出した。

La linfa saliva attraverso i tronchi scuri dei pini in attesa.

待ち構える松の木々の暗い幹から樹液が上がってきていた。

Salici e pioppi tremuli fanno sbocciare giovani gemme luminose su ogni ramoscello.

柳やポプラの木々の枝一本一本に、輝くばかりの若芽が芽吹いた。

Arbusti e viti si tingono di un verde fresco mentre il bosco si anima.
森が生き生きと動き出すにつれ、低木や蔓植物は新緑を帯びてきました。
Di notte i grilli cantavano e di giorno gli insetti strisciavano nella luce del sole.
夜にはコオロギが鳴き、昼間の太陽の下では虫が這っていました。
Le pernici gridavano e i picchi picchiavano in profondità tra gli alberi.
ヤマウズラが鳴き声をあげ、キツツキが木の奥深くで鳴き声をあげた。
Gli scoiattoli chiacchieravano, gli uccelli cantavano e le oche starnazzavano per richiamare l'attenzione dei cani.
リスがおしゃべりし、鳥が歌い、ガチョウが犬の上で鳴き声を上げていた。
Gli uccelli selvatici arrivavano a cunei affilati, volando in alto da sud.
野鳥は鋭いくさび形の群れとなって南から飛んできた。
Da ogni pendio giungeva la musica di ruscelli nascosti e impetuosi.
どの丘の斜面からも、隠れた急流の音が聞こえてきました。
Tutto si scongelava e si spezzava, si piegava e ricominciava a muoversi.
すべてのものは解けて折れ、曲がり、再び動き出した。
Lo Yukon si sforzò di spezzare le fredde catene del ghiaccio ghiacciato.
ユーコンは凍った氷の冷たい鎖を断ち切ろうと努力した。
Il ghiaccio si scioglieva sotto, mentre il sole lo scioglieva dall'alto.
氷は下から溶け、太陽は上から氷を溶かしました。
Si aprirono dei buchi, si allargarono delle crepe e dei pezzi caddero nel fiume.
風穴が開き、亀裂が広がり、岩塊が川に落ちた。

In mezzo a tutta questa vita sfrenata e sfrenata, i viaggiatori barcollavano.
この活気と輝きに満ちた生命の真っ只中で、旅人たちはよろめきながら歩いていた。
Due uomini, una donna e un branco di husky camminavano come morti.
2人の男、1人の女、そして一群のハスキー犬が死んだように歩いていた。
I cani cadevano, Mercedes piangeva, ma continuava a guidare la slitta.
犬たちは倒れ、メルセデスは泣きながらも、そりに乗り続けた。
Hal imprecò debolmente e Charles sbatté le palpebre con gli occhi lacrimanti.
ハルは弱々しく悪態をつき、チャールズは涙目で瞬きした。
Si imbatterono nell'accampamento di John Thornton, nei pressi della foce del White River.
彼らはホワイト川の河口にあるジョン・ソーントンのキャンプに偶然たどり着いた。
Quando si fermarono, i cani caddero a terra, come se fossero stati tutti colpiti a morte.
彼らが立ち止まると、犬たちは全員死んだかのように平らに倒れた。
Mercedes si asciugò le lacrime e guardò John Thornton.
メルセデスは涙を拭ってジョン・ソーントンに視線を向けた。
Charles si sedette su un tronco, lentamente e rigidamente, dolorante per il sentiero.
チャールズは、足跡の痛みを感じながら、ゆっくりと硬直した姿勢で丸太の上に座った。
Hal parlava mentre Thornton intagliava l'estremità del manico di un'ascia.
ソーントンが斧の柄の端を彫っている間、ハルが話をしていた。
Tagliò il legno di betulla e rispose con frasi brevi e decise.

彼は樺の木を削りながら、短く、毅然とした返事を返した。

Quando gli veniva chiesto, dava un consiglio, certo che non sarebbe stato seguito.

尋ねられたとき、彼は、それが従われることはないだろうと確信しながらアドバイスをしました。

Hal spiegò: "Ci avevano detto che il ghiaccio lungo la pista si stava staccando".

ハルさんは「登山道の氷が溶けていると聞きました」と説明した。

"Ci avevano detto che dovevamo restare fermi, ma siamo arrivati a White River."

「彼らは私たちにそこに留まるように言ったが、私たちはホワイトリバーにたどり着いた。」

Concluse con un tono beffardo, come per cantare vittoria nelle difficoltà.

彼は苦難に打ち勝ったかのように、冷笑的な口調で話を終えた。

"E ti hanno detto la verità", rispose John Thornton a bassa voce ad Hal.

「そして彼らは本当のことを言ったんだ」ジョン・ソーントンは静かにハルに答えた。

"Il ghiaccio potrebbe cedere da un momento all'altro: è pronto a staccarsi."

「氷はいつ崩れてもおかしくない、今にも崩れ落ちるかもしれない。」

"Solo la fortuna cieca e gli sciocchi avrebbero potuto arrivare vivi fin qui."

「ここまで生きて来られたのは、運と愚か者だけだった。」

"Te lo dico senza mezzi termini: non rischierei la vita per tutto l'oro dell'Alaska."

「はっきり言いますが、私はアラスカの金のために命を危険にさらしたりはしません。」

"Immagino che tu non sia uno stupido", rispose Hal.

「それはあなたが馬鹿ではないからだと思います」とハルは答えた。

"Comunque, andiamo avanti con Dawson." Srotolò la frusta.
「やはり、ドーソンへ行こう」彼は鞭を解いた。

"Sali, Buck! Ehi! Alzati! Forza!" urlò con voce roca.
「あそこに立て、バック！おい！立て！行け！」彼は荒々しく叫んだ。

Thornton continuò a intagliare, sapendo che gli sciocchi non volevano sentire ragioni.
ソーントンは、愚か者は理屈を聞かないと分かっていながら、削り続けた。

Fermare uno stupido era inutile, e due o tre stupidi non cambiavano nulla.
愚か者を止めるのは無駄だった。二、三人が騙されても何も変わらなかった。

Ma la squadra non si mosse al suono del comando di Hal.
しかし、チームはハルの命令を聞いても動かなかった。

Ormai solo i colpi potevano farli sollevare e avanzare.
今では、彼らを立ち上がらせ、前進させるには打撃を与えることしかできなかった。

La frusta schioccava ripetutamente sui cani indeboliti.
鞭は弱った犬たちに何度も何度も打ち付けた。

John Thornton strinse forte le labbra e osservò in silenzio.
ジョン・ソーントンは唇を固く閉じて、黙って見守った。

Solleks fu il primo a rialzarsi sotto la frusta.
鞭打ちの下で最初に這って立ち上がったのはソレックスだった。

Poi Teek lo seguì, tremando. Joe urlò mentre barcollava.
ティークも震えながら後を追ってきた。ジョーはよろめきながら立ち上がり、悲鳴を上げた。

Pike cercò di alzarsi, fallì due volte, poi alla fine si rialzò barcollando.
パイクは立ち上がろうとしたが、二度失敗し、ついによろめきながら立ち上がった。

Ma Buck rimase lì dov'era caduto, senza muoversi affatto.

しかし、バックは倒れた場所に横たわり、今度はまったく動かなかった。
La frusta lo colpì più volte, ma lui non emise alcun suono.
鞭が何度も彼を打ったが、彼は音を立てなかった。
Lui non sussultò né oppose resistenza, rimase semplicemente immobile e in silenzio.
彼はひるむことも抵抗することもせず、ただじっと静かにしていた。
Thornton si mosse più di una volta, come per dire qualcosa, ma non lo fece.
ソーントンは何かを言おうとするかのように何度も身じろぎしたが、何も言わなかった。
I suoi occhi si inumidirono, ma la frusta continuava a schioccare contro Buck.
彼の目は潤んでいたが、鞭はまだバックに打ち付けられていた。
Alla fine Thornton cominciò a camminare lentamente, incerto sul da farsi.
ついに、ソーントンは何をすべきか分からず、ゆっくりと歩き始めた。
Era la prima volta che Buck falliva e Hal si infuriò.
バックが失敗したのは初めてだったので、ハルは激怒した。
Gettò via la frusta e prese al suo posto il pesante manganello.
彼は鞭を投げ捨て、代わりに重い棍棒を手に取った。
La mazza di legno colpì con violenza, ma Buck non si alzò per muoversi.
木の棍棒が激しく振り下ろされたが、バックはまだ立ち上がって動かなかった。
Come i suoi compagni di squadra, era troppo debole, ma non solo.
チームメイトたちと同様、彼も弱すぎた。しかし、それだけではなかった。
Buck aveva deciso di non muoversi, qualunque cosa accadesse.

バックは、次に何が起ころうとも動かないと決めていた。

Sentì qualcosa di oscuro e sicuro incombere proprio davanti a sé.
彼は、何か暗くて確かなものがすぐ前方に漂っているのを感じた。

Quel terrore lo aveva colto non appena aveva raggiunto la riva del fiume.
その恐怖は彼が川岸に着くとすぐに彼を襲った。

Quella sensazione non lo aveva abbandonato da quando aveva sentito il ghiaccio assottigliarsi sotto le zampe.
足の下の氷が薄くなっているのを感じて以来、その感覚は消えていなかった。

Qualcosa di terribile lo stava aspettando: lo sentiva proprio lungo il sentiero.
何か恐ろしいものが待ち受けている ─
彼はそれをすぐ先の道で感じた。

Non avrebbe camminato verso quella cosa terribile davanti a lui
彼はその恐ろしいものに向かって歩くつもりはなかった

Non avrebbe obbedito a nessun ordine che lo avrebbe condotto a quella cosa.
彼は、自分をその場所に導くいかなる命令にも従うつもりはなかった。

Ormai il dolore dei colpi non lo sfiorava più: era troppo stanco.
打撃の痛みは、今では彼にはほとんど感じられなかった。彼はすでに手遅れだったのだ。

La scintilla della vita tremolava lentamente, affievolita da ogni colpo crudele.
生命の火花は、残酷な打撃を受けるたびに弱まり、消えていった。

Gli arti gli sembravano distanti; tutto il corpo sembrava appartenere a un altro.
彼の手足は遠く感じられ、彼の全身は他人のもののように思えた。

Sentì uno strano torpore mentre il dolore scompariva completamente.
痛みが完全に消え去ると、彼は奇妙なしびれを感じた。
Da lontano, sentiva che lo stavano picchiando, ma non se ne rendeva conto.
遠くから、彼は殴られているのを感じたが、ほとんど気づかなかった。
Poteva udire debolmente i tonfi, ma ormai non gli facevano più male.
かすかにドスンという音が聞こえたが、もう本当に痛いという感じではなかった。
I colpi andarono a segno, ma il suo corpo non sembrava più il suo.
打撃は当たったが、彼の体はもはや自分の体とは思えなかった。
Poi, all'improvviso, senza alcun preavviso, John Thornton lanciò un grido selvaggio.
すると突然、何の前触れもなく、ジョン・ソーントンは激しい叫び声をあげた。
Era inarticolato, più il grido di una bestia che di un uomo.
それは不明瞭で、人間の叫びというよりは獣の叫びのようだった。
Si lanciò sull'uomo con la mazza e fece cadere Hal all'indietro.
彼は棍棒を持って男に飛びかかり、ハルを後ろに押し倒した。
Hal volò come se fosse stato colpito da un albero, atterrando pesantemente al suolo.
ハルはまるで木にぶつかったかのように飛び、地面に激しく着地した。
Mercedes urlò a gran voce in preda al panico e si portò le mani al viso.
メルセデスはパニックになって大声で叫び、顔を押さえた。
Charles si limitò a guardare, si asciugò gli occhi e rimase seduto.

チャールズはただ見守り、目を拭いて、座ったままでした。
Il suo corpo era troppo irrigidito dal dolore per alzarsi o contribuire alla lotta.
彼の体は痛みで硬直しており、立ち上がることも、戦いを手伝うこともできなかった。
Thornton era in piedi davanti a Buck, tremante di rabbia, incapace di parlare.
ソーントンは怒りに震えながら、何も言えずにバックの上に立っていた。
Tremava di rabbia e lottò per trovare la voce.
彼は怒りに震えながら、それを乗り越えて自分の声を見つけようと奮闘した。
"Se colpisci ancora quel cane, ti uccido", disse infine.
「もう一度あの犬を殴ったら、お前を殺す」と彼はついに言った。
Hal si asciugò il sangue dalla bocca e tornò avanti.
ハルは口から血を拭って再び前に出た。
"È il mio cane", borbottò. "Togliti di mezzo o ti sistemo io."
「俺の犬だ」と彼はぶつぶつ言った。「どけ、さもないとお前を懲らしめるぞ」
"Vado da Dawson e tu non mi fermerai", ha aggiunto.
「私はドーソンに行くつもりだ。あなたは私を止めることはできない」と彼は付け加えた。
Thornton si fermò tra Buck e il giovane arrabbiato.
ソーントンはバックと怒った若者の間にしっかりと立ちはだかった。
Non aveva alcuna intenzione di farsi da parte o di lasciar passare Hal.
彼は脇に退いたりハルを通したりするつもりはなかった。
Hal tirò fuori il suo coltello da caccia, lungo e pericoloso nella sua mano.
ハルは長くて危険な狩猟用ナイフを取り出した。
Mercedes urlò, poi pianse, poi rise in preda a un'isteria selvaggia.

メルセデスは叫び、泣き、そして狂ったように笑いました。
Thornton colpì la mano di Hal con il manico dell'ascia, con forza e rapidità.
ソーントンは斧の柄でハルの手を激しく素早く殴りつけた。
Il coltello si liberò dalla presa di Hal e volò a terra.
ナイフはハルの手から弾き落とされ、地面に落ちた。
Hal cercò di raccogliere il coltello, ma Thornton gli batté di nuovo le nocche.
ハルはナイフを拾おうとしたが、ソーントンは再び彼の指の関節を叩いた。
Poi Thornton si chinò, afferrò il coltello e lo tenne fermo.
それからソーントンはかがみ込んでナイフを掴み、それを握った。
Con due rapidi colpi del manico dell'ascia, tagliò le redini di Buck.
彼は斧の柄を素早く二度振り下ろし、バックの手綱を切った。
Hal non aveva più voglia di combattere e si allontanò dal cane.
ハルはもう戦う気力もなく、犬から後ずさりした。
Inoltre, ora Mercedes aveva bisogno di entrambe le braccia per restare in piedi.
その上、メルセデスは立ち上がるために両腕が必要だった。
Buck era troppo vicino alla morte per poter nuovamente tirare la slitta.
バックは死に近かったので、再びそりを引くことはできなかった。
Pochi minuti dopo, ripartirono, dirigendosi verso il fiume.
数分後、彼らは船を出し、川下に向かっていった。
Buck sollevò debolmente la testa e li guardò lasciare la banca.
バックは弱々しく頭を上げて、彼らが岸から去っていくのを見守った。

Pike guidava la squadra, con Solleks dietro al volante.
パイクがチームをリードし、ソレックスが後方のステアリングを握った。
Joe e Teek camminavano in mezzo, zoppicando entrambi per la stanchezza.
ジョーとティークは二人とも疲れて足を引きずりながら、その間を歩いていった。
Mercedes si sedette sulla slitta e Hal afferrò la lunga pertica.
メルセデスはそりに座り、ハルは長いジーポールを握った。
Charles barcollava dietro di lui, con passi goffi e incerti.
チャールズはよろめきながら後ろを歩き、ぎこちなく不安な足取りだった。
Thornton si inginocchiò accanto a Buck e tastò delicatamente per vedere se aveva ossa rotte.
ソーントンはバックのそばにひざまずき、骨折した骨がないか優しく触診した。
Le sue mani erano ruvide, ma si muovevano con gentilezza e cura.
彼の手は荒れていたが、優しく気配りのある動きをしていた。
Il corpo di Buck era pieno di lividi, ma non presentava lesioni permanenti.
バックの体は打撲傷を負っていたが、永続的な傷害は見られなかった。
Ciò che restava era una fame terribile e una debolezza quasi totale.
残ったのはひどい飢えとほぼ完全な衰弱だけだった。
Quando la situazione fu più chiara, la slitta era già andata molto a valle.
それが明らかになったときには、そりは川のずっと下流へ進んでいました。
L'uomo e il cane osservavano la slitta avanzare lentamente sul ghiaccio che si rompeva.
男と犬は、ひび割れた氷の上をそりがゆっくりと進んでいくのを見ていた。

Poi videro la slitta sprofondare in una cavità.
すると、そりが窪みに沈んでいくのが見えました。
La pertica volò in alto, ma Hal vi si aggrappò ancora invano.
ジーポールは飛び上がり、ハルは無駄にそれにしがみついていた。
L'urlo di Mercedes li raggiunse attraverso la fredda distanza.
メルセデスの叫び声が冷たい距離を越えて彼らに届いた。

Charles si voltò e fece un passo indietro, ma era troppo tardi.
チャールズは振り返って後ずさりしたが、遅すぎた。
Un'intera calotta di ghiaccio cedette e tutti precipitarono.
氷床全体が崩れて、彼らは全員落ちてしまいました。
Cani, slitte e persone scomparvero nelle acque nere sottostanti.
犬、そり、そして人々は下の黒い水の中に消えていった。

Nel punto in cui erano passati era rimasto solo un largo buco nel ghiaccio.
彼らが通った場所には、氷に大きな穴が残るだけだった。

Il fondo del sentiero era crollato, proprio come aveva previsto Thornton.
道の底は抜け落ちていた ―
まさにソーントンが警告した通り。
Thornton e Buck si guardarono l'un l'altro, in silenzio per un momento.
ソーントンとバックはお互いに顔を見合わせ、しばらく黙っていた。
"Povero diavolo", disse Thornton dolcemente, e Buck gli leccò la mano.
「かわいそうに」とソーントンは優しく言い、バックは彼の手を舐めた。

Per amore di un uomo
男の愛のために

John Thornton si congelò i piedi per il freddo del dicembre precedente.
ジョン・ソーントンは前年の12月の寒さで足が凍えてしまった。
I suoi compagni lo fecero sentire a suo agio e lo lasciarono guarire da solo.
パートナーたちは彼を安心させて、一人で回復できるようにしてあげた。
Risalirono il fiume per raccogliere una zattera di tronchi da sega per Dawson.
彼らはドーソンのために大量の丸太を集めるために川を上っていった。
Zoppicava ancora leggermente quando salvò Buck dalla morte.
バックを死から救ったとき、彼はまだ少し足を引きずっていた。
Ma con il persistere del caldo, anche quella zoppia è scomparsa.
しかし、暖かい天気が続くと、足を引きずることもなくなりました。
Sdraiato sulla riva del fiume durante le lunghe giornate primaverili, Buck si riposò.
長い春の日々の間、バックは川岸に横たわり、休んだ。
Osservava l'acqua che scorreva e ascoltava gli uccelli e gli insetti.
彼は流れる水を眺め、鳥や昆虫の鳴き声に耳を傾けた。
Lentamente Buck riacquistò le forze sotto il sole e il cielo.
バックは太陽と空の下でゆっくりと体力を取り戻した。
Dopo aver viaggiato tremila miglia, riposarsi è stato meraviglioso.
3000マイルの旅の後、休息は素晴らしい気分でした。
Buck diventò pigro man mano che le sue ferite guarivano e il suo corpo si riempiva.

傷が治り、体が充実するにつれて、バックは怠惰になりました。
I suoi muscoli si rassodarono e la carne tornò a ricoprire le sue ossa.
彼の筋肉は引き締まり、肉が戻って骨を覆うようになりました。
Stavano tutti riposando: Buck, Thornton, Skeet e Nig.
バック、ソーントン、スキート、ニグは皆休んでいた。
Aspettarono la zattera che li avrebbe portati a Dawson.
彼らはドーソンまで運んでくれるいかだを待った。
Skeet era un piccolo setter irlandese che fece amicizia con Buck.
スキートはバックと友達になった小さなアイリッシュ・セッターでした。
Buck era troppo debole e malato per resisterle al loro primo incontro.
バックは体調が悪すぎて、初めて彼女に会ったときには抵抗できなかった。
Skeet aveva la caratteristica di guaritore che alcuni cani possiedono per natura.
スキートは、一部の犬が生まれつき持っている治癒能力を持っていました。
Come una gatta, leccò e pulì le ferite aperte di Buck.
彼女は母猫のようにバックの生傷を舐めてきれいにしてあげました。
Ogni mattina, dopo colazione, ripeteva il suo attento lavoro.
彼女は毎朝朝食後に、念入りな仕事を繰り返した。
Buck finì per aspettarsi il suo aiuto tanto quanto quello di Thornton.
バックはソーントンの助けと同じくらい彼女の助けも期待するようになった。
Anche Nig era amichevole, ma meno aperto e meno affettuoso.
ニグも友好的でしたが、オープンさや愛情が足りませんでした。

Nig era un grosso cane nero, in parte segugio e in parte levriero.
ニグは大きな黒い犬で、ブラッドハウンドとディアハウンドの混血種でした。
Aveva occhi sorridenti e un'infinita bontà d'animo.
彼は笑っている目と、心の底に限りない善良さを持っていました。
Con sorpresa di Buck, nessuno dei due cani mostrò gelosia nei suoi confronti.
バックが驚いたことに、どちらの犬も彼に対して嫉妬を示さなかった。
Sia Skeet che Nig condividevano la gentilezza di John Thornton.
スキートとニグはともにジョン・ソーントンの親切にあずかりました。
Man mano che Buck diventava più forte, lo attiravano in stupidi giochi da cani.
バックが強くなるにつれて、彼らは彼を愚かな犬のゲームに誘い込みました。
Anche Thornton giocava spesso con loro, incapace di resistere alla loro gioia.
ソーントンも彼らの喜びに抗うことができず、よく彼らと遊んでいました。
In questo modo giocoso, Buck passò dalla malattia a una nuova vita.
この遊び心のあるやり方で、バックは病気から新しい人生へと移行しました。
L'amore, quello vero, ardente e passionale, era finalmente suo.
ついに彼の愛は真実の、燃えるような、情熱的な愛となった。
Non aveva mai conosciuto questo tipo di amore nella tenuta di Miller.
彼はミラー邸でこのような愛を一度も知ったことはなかった。
Con i figli del giudice aveva condiviso lavoro e avventure.

彼は判事の息子たちとともに仕事や冒険を共にした。
Nei nipoti notò un orgoglio rigido e vanitoso.
孫たちを見ると、堅苦しくて自慢げなプライドが感じられた。
Con lo stesso giudice Miller aveva un rapporto di rispettosa amicizia.
彼はミラー判事自身と尊敬し合う友情を築いていた。
Ma l'amore che era fuoco, follia e adorazione era ciò che accadeva con Thornton.
しかし、ソーントンには、情熱と狂気と崇拝に満ちた愛が宿っていた。
Quest'uomo aveva salvato la vita di Buck, e questo di per sé significava molto.
この男はバックの命を救った。それだけでも大きな意味があった。
Ma più di questo, John Thornton era il tipo ideale di maestro.
しかし、それ以上に、ジョン・ソーントンは理想的なマスターでした。
Altri uomini si prendevano cura dei cani per dovere o per necessità lavorative.
他の男性は義務や業務上の必要性から犬の世話をしました。
John Thornton si prendeva cura dei suoi cani come se fossero figli.
ジョン・ソーントンは犬たちをまるで自分の子供のように大切にしていた。
Si prendeva cura di loro perché li amava e semplicemente non poteva farne a meno.
彼は彼らを愛していたので、彼らを気遣うしかなかったのです。
John Thornton vide molto più lontano di quanto la maggior parte degli uomini riuscisse mai a vedere.
ジョン・ソーントンは、ほとんどの人が見ることができなかったほど遠くまで見通すことができました。

Non dimenticava mai di salutarli gentilmente o di pronunciare una parola di incoraggiamento.
彼は彼らに優しく挨拶したり励ましの言葉をかけたりすることを決して忘れなかった。
Amava sedersi con i cani per fare lunghe chiacchierate, o "gassy", come diceva lui.
彼は犬たちと一緒に座って長い話をするのが大好きで、彼の言葉を借りれば「ガスっぽい」会話をするのが大好きだった。
Gli piaceva afferrare bruscamente la testa di Buck tra le sue mani forti.
彼は力強い手でバックの頭を乱暴に掴むのが好きだった。
Poi appoggiò la testa contro quella di Buck e lo scosse delicatamente.
それから彼は自分の頭をバックの頭に寄りかからせ、優しく頭を揺すった。
Nel frattempo, chiamava Buck con nomi volgari che per lui significavano affetto.
その間ずっと、彼はバックに対して、愛を意味する失礼な言葉を浴びせ続けた。
Per Buck, quell'abbraccio rude e quelle parole portarono una gioia profonda.
バックにとって、その荒々しい抱擁と言葉は深い喜びをもたらした。
A ogni movimento il suo cuore sembrava sussultare di felicità.
彼の心は動くたびに幸せで震え上がるようだった。
Quando poi balzò in piedi, la sua bocca sembrava ridere.
その後、彼が飛び上がったとき、彼の口は笑っているように見えました。
I suoi occhi brillavano intensamente e la sua gola tremava per una gioia inespressa.
彼の目は明るく輝き、喉は言葉にできない喜びで震えていた。

Il suo sorriso rimase immobile in quello stato di emozione e affetto ardente.
彼の笑顔は、その感動と熱烈な愛情の状態で静止していた。
Allora Thornton esclamò pensieroso: "Dio! Riesce quasi a parlare!"
するとソーントンは考え深げに叫んだ。「なんてことだ！彼はほとんど話せるようだ！」
Buck aveva uno strano modo di esprimere l'amore che quasi gli causava dolore.
バックは、ほとんど痛みを引き起こすような奇妙な愛情表現をしていた。
Spesso stringeva forte la mano di Thornton tra i denti.
彼はよくソーントンの手を歯で強く握りしめていた。
Il morso avrebbe lasciato segni profondi che sarebbero rimasti per qualche tempo.
その噛み跡は、しばらく残る深い跡を残すことになるだろう。
Buck credeva che quei giuramenti fossero amore, e Thornton la pensava allo stesso modo.
バックはそれらの誓いが愛だと信じていたし、ソーントンも同じことを知っていた。
Il più delle volte, l'amore di Buck si manifestava in un'adorazione silenziosa, quasi silenziosa.
ほとんどの場合、バックの愛は静かでほとんど沈黙した崇拝の形で表れていた。
Sebbene fosse emozionato quando veniva toccato o gli si parlava, non cercava attenzione.
触られたり話しかけられたりすると興奮しましたが、注目を求めませんでした。
Skeet spinse il naso sotto la mano di Thornton finché lui non la accarezzò.
スキートはソーントンの手の下で鼻を軽くつつき、ソーントンは彼女を撫でた。
Nig si avvicinò silenziosamente e appoggiò la sua grande testa sulle ginocchia di Thornton.

ニグは静かに歩み寄り、大きな頭をソーントンの膝の上に置いた。
Buck, al contrario, si accontentava di amare da una rispettosa distanza.
対照的に、バックは敬意を持った距離から愛することで満足していた。
Rimase sdraiato per ore ai piedi di Thornton, vigile e attento.
彼はソーントンの足元に何時間も横たわり、油断せずに注意深く見守っていた。
Buck studiò ogni dettaglio del volto del suo padrone, perfino il più piccolo movimento.
バックは主人の顔の表情やわずかな動きを細部まで観察した。
Oppure sdraiati più lontano, studiando in silenzio la sagoma dell'uomo.
あるいは、さらに離れたところに横たわり、黙って男の姿を観察していた。
Buck osservava ogni piccolo movimento, ogni cambiamento di postura o di gesto.
バックは、あらゆる小さな動き、姿勢や身振りの変化を観察した。
Questo legame era così potente che spesso catturava lo sguardo di Thornton.
このつながりは非常に強力で、ソーントンはしばしば視線を惹きつけました。
Incontrò lo sguardo di Buck senza dire parole, e il suo amore traspariva chiaramente.
彼は言葉もなくバックの目を見つめたが、そこには明らかに愛が輝いていた。
Per molto tempo dopo essere stato salvato, Buck non perse mai di vista Thornton.
救出された後も長い間、バックはソーントンから目を離さなかった。
Ogni volta che Thornton usciva dalla tenda, Buck lo seguiva da vicino all'esterno.

ソーントンがテントから出かけると、バックはいつもすぐ後をついて出て行った。
Tutti i severi padroni delle Terre del Nord avevano fatto sì che Buck non riuscisse più a fidarsi.
北国の厳しい主人たちのせいで、バックは信頼することを恐れていた。
Temeva che nessun uomo potesse restare suo padrone se non per un breve periodo.
彼は、誰も短期間以上は自分の主人であり続けることはできないだろうと恐れていた。
Temeva che John Thornton sarebbe scomparso come Perrault e François.
彼はジョン・ソーントンがペローやフランソワのように消えてしまうのではないかと恐れていた。
Anche di notte, la paura di perderlo tormentava il sonno agitato di Buck.
夜になっても、彼を失うかもしれないという恐怖がバックの眠れない眠りを悩ませた。
Quando Buck si svegliò, si trascinò fuori al freddo e andò nella tenda.
バックは目を覚ますと、寒い外に忍び出てテントへ向かった。
Ascoltò attentamente il leggero suono del suo respiro interiore.
彼は内部のかすかな呼吸の音を注意深く聞き取った。
Nonostante il profondo amore di Buck per John Thornton, la natura selvaggia sopravvisse.
バックがジョン・ソーントンを深く愛していたにもかかわらず、野生は生き残った。
Quell'istinto primitivo, risvegliatosi nel Nord, non scomparve.
北で目覚めたその原始的な本能は消えなかった。
L'amore portava devozione, lealtà e il caldo legame attorno al fuoco.
愛は献身、忠誠、そして暖炉のそばでの温かい絆をもたらしました。

Ma Buck mantenne anche i suoi istinti selvaggi, acuti e sempre all'erta.
しかし、バックは野生の本能も持ち続け、鋭敏で常に警戒していました。
Non era solo un animale domestico addomesticato proveniente dalle dolci terre della civiltà.
彼は、単に文明の穏やかな土地から来た飼い慣らされたペットではありませんでした。
Buck era un essere selvaggio che si era seduto accanto al fuoco di Thornton.
バックはソーントンの火のそばに座りに来た野生の生き物だった。
Sembrava un cane del Southland, ma in lui albergava la natura selvaggia.
彼はサウスランドの犬のように見えたが、彼の中には野性が宿っていた。
Il suo amore per Thornton era troppo grande per permettersi un furto da parte di quell'uomo.
ソーントンに対する彼の愛はあまりにも深かったので、彼から盗むことは許せなかった。
Ma in qualsiasi altro campo ruberebbe con audacia e senza esitazione.
しかし、他のキャンプであれば、彼はためらうことなく大胆に盗みを働くだろう。
Era così abile nel rubare che nessuno riusciva a catturarlo o accusarlo.
彼は盗みがとても巧妙だったので、誰も彼を捕まえたり告発したりすることはできなかった。
Il suo viso e il suo corpo erano coperti di cicatrici dovute a molti combattimenti passati.
彼の顔と体は過去の数々の戦いによる傷跡で覆われていた。
Buck continuava a combattere con ferocia, ma ora lo faceva con maggiore astuzia.
バックは相変わらず激しく戦ったが、今度はもっと狡猾に戦った。

Skeet e Nig erano troppo docili per combattere, ed erano di Thornton.
スキートとニグは戦うにはあまりにも穏やかで、彼らはソーントンの犬でした。
Ma qualsiasi cane estraneo, non importa quanto forte o coraggioso, cedeva.
しかし、どんなに強くて勇敢な犬でも、見知らぬ犬は道を譲りました。
Altrimenti, il cane si ritrovò a combattere contro Buck, lottando per la propria vita.
そうでなければ、犬はバックと闘い、自分の命をかけて戦うことになるだろう。
Buck non ebbe pietà quando decise di combattere contro un altro cane.
バックは、他の犬と戦うことを選んだら容赦しませんでした。
Aveva imparato bene la legge del bastone e della zanna nel Nord.
彼は北国の棍棒と牙の法則をよく学んでいた。
Non ha mai rinunciato a un vantaggio e non si è mai tirato indietro dalla battaglia.
彼は決して優位性を放棄せず、戦いから逃げることもなかった。
Aveva studiato Spitz e i cani più feroci della polizia e della posta.
彼はスピッツと郵便や警察の最も獰猛な犬を研究した。
Sapeva chiaramente che non esisteva via di mezzo in un combattimento selvaggio.
彼は激しい戦闘には中立の立場など存在しないことを明らかに知っていた。
Doveva governare o essere governato; mostrare misericordia significava mostrare debolezza.
彼は支配するか、支配されるかのどちらかであり、慈悲を示すことは弱さを示すことを意味した。
La pietà era sconosciuta nel mondo crudo e brutale della sopravvivenza.

生き残るための荒々しく残酷な世界では慈悲は知られていなかった。
Mostrare pietà era visto come un atto di paura, e la paura conduceva rapidamente alla morte.
慈悲を示すことは恐怖と見なされ、恐怖はすぐに死につながりました。
La vecchia legge era semplice: uccidere o essere uccisi, mangiare o essere mangiati.
昔の法律は単純だった。殺すか殺されるか、食べるか食べられるか。
Quella legge proveniva dalle profondità del tempo e Buck la seguì alla lettera.
その法則は時の深淵から生まれたものであり、バックはそれを完全に従った。
Buck era più vecchio dei suoi anni e del numero dei suoi respiri.
バックは、年齢や呼吸の数よりも老けて見えた。
Collegava in modo chiaro il passato remoto con il momento presente.
彼は古代の過去と現在の瞬間を明確に結びつけた。
I ritmi profondi dei secoli si muovevano attraverso di lui come le maree.
時代の深いリズムが潮のように彼の中に流れていった。
Il tempo pulsava nel suo sangue con la stessa sicurezza con cui le stagioni muovevano la terra.
季節が地球を動かすのと同じように、時間は彼の血の中で確実に脈打っていた。
Sedeva accanto al fuoco di Thornton, con il petto forte e le zanne bianche.
彼は胸が強く、牙が白く、ソーントンの暖炉のそばに座っていた。
La sua lunga pelliccia ondeggiava, ma dietro di lui lo osservavano gli spiriti dei cani selvatici.
長い毛が揺れていたが、その背後では野犬の霊が見守っていた。

Lupi mezzi e lupi veri si agitavano nel suo cuore e nei suoi sensi.
半狼と全狼が彼の心と感覚の中で動いた。
Assaggiarono la sua carne e bevvero la stessa acqua che bevve lui.
彼らは彼の肉を味わい、彼と同じ水を飲みました。
Annusarono il vento insieme a lui e ascoltarono la foresta.
彼らは彼と一緒に風を嗅ぎ、森の音に耳を傾けました。
Sussurravano il significato dei suoni selvaggi nell'oscurità.
彼らは暗闇の中で荒々しい音の意味をささやいた。
Modellavano il suo umore e guidavano ciascuna delle sue reazioni silenziose.
それらは彼の気分を形作り、彼の静かな反応のそれぞれを導きました。
Giacevano accanto a lui mentre dormiva e diventavano parte dei suoi sogni profondi.
彼らは彼が眠っている間、彼と一緒に横たわり、彼の深い夢の一部となった。
Sognavano con lui, oltre lui, e costituivano il suo stesso spirito.
彼らは彼とともに、彼を超えて夢を見て、彼の精神そのものを作り上げました。
Gli spiriti della natura selvaggia chiamavano con tanta forza che Buck si sentì attratto.
野生の精霊の呼びかけがあまりにも強かったので、バックは引っ張られるのを感じた。
Ogni giorno che passava, l'umanità e le sue rivendicazioni si indebolivano nel cuore di Buck.
人類とその主張は、バックの心の中で日に日に弱まっていった。
Nel profondo della foresta si stava per udire un richiamo strano ed emozionante.
森の奥深くで、奇妙でスリリングな声が響き渡ろうとしていた。
Ogni volta che sentiva la chiamata, Buck provava un impulso a cui non riusciva a resistere.

その呼び声を聞くたびに、バックは抵抗できない衝動を感じた。

Avrebbe voltato le spalle al fuoco e ai sentieri battuti dagli uomini.

彼は火と踏みならされた人間の道から離れようとしていた。

Stava per addentrarsi nella foresta, avanzando senza sapere il perché.

彼は理由も分からず、森の中へと突き進んでいくつもりだった。

Non mise in discussione questa attrazione, perché la chiamata era profonda e potente.

彼はこの引力に疑問を持たなかった。その呼び声は深く、強力だったからだ。

Spesso raggiungeva l'ombra verde e la terra morbida e intatta

彼はしばしば緑の陰と柔らかい手つかずの土に辿り着いた

Ma poi il forte amore per John Thornton lo riportò al fuoco.

しかし、ジョン・ソーントンへの強い愛情が彼を再び火の中に引き戻したのです。

Soltanto John Thornton riuscì davvero a tenere stretto il cuore selvaggio di Buck.

ジョン・ソーントンだけが、バックの荒々しい心を本当に掴んでいた。

Per Buck il resto dell'umanità non aveva alcun valore o significato duraturo.

残りの人類にはバックにとって永続的な価値も意味もなかった。

Gli sconosciuti potrebbero lodarlo o accarezzargli la pelliccia con mani amichevoli.

見知らぬ人が彼を褒めたり、友好的な手で彼の毛を撫でたりするかもしれません。

Buck rimase impassibile e se ne andò per eccesso di affetto.

バックは、あまりの愛情に動じることなく立ち去った。

Hans e Pete arrivarono con la zattera che era stata attesa a lungo
ハンスとピートは待ちに待ったいかだを持って到着した
Buck li ignorò finché non venne a sapere che erano vicini a Thornton.
バックは彼らがソーントンの近くにいることを知るまで彼らを無視した。
Da allora in poi li tollerò, ma non dimostrò mai loro tutto il suo calore.
その後、彼は彼らを容認はしたものの、彼らに全面的な温かさを見せることはなかった。
Accettava da loro cibo o gentilezza come se volesse fare loro un favore.
彼はまるで彼らに親切にするかのように、彼らから食べ物や親切を受け取りました。
Erano come Thornton: semplici, onesti e lucidi nei pensieri.
彼らはソーントンのように単純で、正直で、考えが明晰でした。
Tutti insieme viaggiarono verso la segheria di Dawson e il grande vortice
彼らは全員一緒にドーソンの製材所とグレートエディへ旅した。
Nel corso del loro viaggio impararono a comprendere profondamente la natura di Buck.
旅の途中で彼らはバックの本質を深く理解するようになった。
Non cercarono di avvicinarsi come avevano fatto Skeet e Nig.
彼らはスキートとニグのように親しくなろうとはしなかった。
Ma l'amore di Buck per John Thornton non fece che aumentare con il tempo.
しかし、バックのジョン・ソーントンに対する愛情は時とともに深まるばかりだった。
Solo Thornton poteva mettere uno zaino sulla schiena di Buck durante l'estate.

夏にバックの背中にパックを載せることができたのはソーントンだけだった。

Buck era disposto a eseguire senza riserve qualsiasi ordine impartito da Thornton.

ソーントンが命じたことは何でも、バックは喜んで全力で従った。

Un giorno, dopo aver lasciato Dawson per le sorgenti del Tanana,

ある日、ドーソンを出発してタナナ川の源流に向かったとき、

il gruppo era seduto su una rupe che scendeva per un metro fino a raggiungere la nuda roccia.

グループは、岩盤がむき出しになるまで3フィート下がった崖の上に座っていた。

John Thornton si sedette vicino al bordo e Buck si riposò accanto a lui.

ジョン・ソーントンは端の近くに座り、バックはその隣で休んだ。

Thornton ebbe un'idea improvvisa e richiamò l'attenzione degli uomini.

ソーントンは突然思いついて、男たちの注意を促した。

Indicò l'altro lato del baratro e diede a Buck un unico comando.

彼は峡谷の向こうを指差してバックに一つの命令を下した。

"Salta, Buck!" disse, allungando il braccio oltre il precipizio.

「ジャンプ、バック！」彼は腕を振り上げて落下地点を超えた。

Un attimo dopo dovette afferrare Buck, che stava saltando per obbedire.

すぐに、彼は、従うために飛び上がっていたバックをつかまなければなりませんでした。

Hans e Pete si precipitarono in avanti e tirarono entrambi indietro per metterli in salvo.

ハンスとピートは急いで前に進み出て、二人を安全な場所まで引き戻しました。

Dopo che tutto fu finito e che ebbero ripreso fiato, Pete prese la parola.
すべてが終わり、彼らが息を整えた後、ピートが口を開いた。
«È un amore straordinario», disse, scosso dalla feroce devozione del cane.
「その愛は不思議なものだ」と彼は犬の激しい献身に心を揺さぶられながら言った。
Thornton scosse la testa e rispose con calma e serietà.
ソーントンは首を横に振り、冷静に真剣な表情で答えた。
«No, l'amore è splendido», disse, «ma anche terribile».
「いや、愛は素晴らしい」と彼は言った。「しかしまた恐ろしいものでもある。」
"A volte, devo ammetterlo, questo tipo di amore mi fa paura."
「時々、この種の愛は私を怖がらせると認めざるを得ません。」
Pete annuì e disse: "Mi dispiacerebbe tanto essere l'uomo che ti tocca".
ピートはうなずいて言った。「君に触れる男にはなりたくないな。」
Mentre parlava, guardava Buck con aria seria e piena di rispetto.
彼は話しながら、真剣な表情と敬意を込めてバックを見つめた。
"Py Jingo!" esclamò Hans in fretta. "Neanch'io, no signore."
「ピィ・ジンゴ！」ハンスは慌てて言った。「僕もです、旦那様」

Prima che finisse l'anno, i timori di Pete si avverarono a Circle City.
その年が終わる前に、ピートの恐れはサークル・シティで現実になった。
Un uomo crudele di nome Black Burton attaccò una rissa nel bar.

ブラック・バートンという名の冷酷な男がバーで喧嘩を売ってきた。
Era arrabbiato e cattivo, e si scagliava contro un novellino.
彼は怒りと悪意に満ち、新しく入社したばかりの者を激しく攻撃した。
John Thornton intervenne, calmo e bonario come sempre.
ジョン・ソーントンがいつものように落ち着いて温厚な態度で介入した。
Buck giaceva in un angolo, con la testa bassa, e osservava Thornton attentamente.
バックは頭を下げて隅に横たわり、ソーントンをじっと見つめていた。
Burton colpì all'improvviso e il suo pugno fece girare Thornton.
バートンが突然攻撃を仕掛け、そのパンチでソーントンは回転した。
Solo la ringhiera della sbarra gli impedì di cadere violentemente a terra.
バーのレールだけが、彼が地面に激しく衝突するのを防いでいた。
Gli osservatori hanno sentito un suono che non era un abbaio o un guaito
監視員たちは吠え声でも鳴き声でもない音を聞いた
Buck emise un profondo ruggito mentre si lanciava verso l'uomo.
バックが男に向かって突進すると、低い叫び声が上がった。
Burton alzò il braccio e per poco non si salvò la vita.
バートンは腕を上げて、かろうじて自分の命を救った。
Buck si schiantò contro di lui, facendolo cadere a terra.
バックは彼に激突し、彼を床に叩きつけた。
Buck gli diede un morso profondo al braccio, poi si lanciò alla gola.
バックは男の腕を深く噛み、それから喉に突進した。
Burton riuscì a parare solo in parte e il suo collo fu squarciato.

バートンは部分的にしかブロックできず、首が裂けてしまった。
Gli uomini si precipitarono dentro, brandendo i manganelli e allontanarono Buck dall'uomo sanguinante.
男たちが突入し、棍棒を振り上げ、血を流している男のバックを追い払った。
Un chirurgo ha lavorato rapidamente per impedire che il sangue fuoriuscisse.
外科医はすぐに血の流出を止める手術を行った。
Buck camminava avanti e indietro ringhiando, tentando di attaccare ancora e ancora.
雄鹿は歩き回り、うなり声をあげ、何度も攻撃しようとした。
Soltanto i bastoni oscillanti gli impedirono di raggiungere Burton.
スイングクラブだけが彼をバートンに近づけないようにしていた。
Proprio lì, sul posto, venne convocata una riunione dei minatori.
炭鉱労働者の集会が招集され、その場で開催されました。
Concordarono sul fatto che Buck era stato provocato e votarono per liberarlo.
彼らはバックが挑発されたことに同意し、彼を釈放することに投票した。
Ma il nome feroce di Buck risuonava ormai in ogni accampamento dell'Alaska.
しかし、バックの勇ましい名前は、今やアラスカのあらゆるキャンプに響き渡っていた。
Più tardi, quello stesso autunno, Buck salvò Thornton di nuovo in un modo nuovo.
その年の秋、バックは新たな方法で再びソーントンを救った。
I tre uomini stavano guidando una lunga barca lungo delle rapide impetuose.

３人の男は長いボートを操縦して、激しい急流を下っていた。

Thornton manovrava la barca, gridando indicazioni per raggiungere la riva.

ソーントンはボートを操縦し、岸までの道順を指示した。

Hans e Pete correvano sulla terraferma, tenendo una corda da un albero all'altro.

ハンスとピートは木から木へとロープをつかみながら陸上を走りました。

Buck procedeva a passo d'uomo sulla riva, tenendo sempre d'occhio il suo padrone.

バックは主人を常に見守りながら、岸辺を歩き続けた。

In un punto pericoloso, delle rocce sporgevano dall'acqua veloce.

ある厄介な場所では、速い水の下に岩が突き出ていました。

Hans lasciò andare la cima e Thornton tirò la barca verso la larghezza.

ハンスはロープを放し、ソーントンはボートを大きく舵取りした。

Hans corse a percorrerla di nuovo, superando le pericolose rocce.

ハンスは危険な岩を通り過ぎて再びボートに追いつくために全力疾走した。

La barca superò la sporgenza ma trovò una corrente più forte.

ボートは岩棚を越えたが、流れのより強い部分にぶつかった。

Hans afferrò la cima troppo velocemente e fece perdere l'equilibrio alla barca.

ハンスはロープを素早く掴みすぎたため、ボートのバランスを崩してしまいました。

La barca si capovolse e sbatté contro la riva, con la parte inferiore rivolta verso l'alto.

ボートはひっくり返って底を上にして岸に激突した。

Thornton venne scaraventato fuori e trascinato nella parte più selvaggia dell'acqua.
ソーントンは投げ出され、水の最も荒れた部分へと流された。
Nessun nuotatore sarebbe sopravvissuto in quelle acque pericolose e pericolose.
あの危険な流れの激しい水の中では、どんな水泳選手も生き残れなかっただろう。
Buck si lanciò all'istante e inseguì il suo padrone lungo il fiume.
バックはすぐに飛び込んで、主人を川下まで追いかけました。
Dopo trecento metri finalmente raggiunse Thornton.
300ヤードを歩いて、ついに彼はソーントンに到着した。
Thornton afferrò la coda di Buck, e Buck si diresse verso la riva.
ソーントンはバックの尻尾をつかみ、バックは岸の方へ向きを変えた。
Nuotò con tutte le sue forze, lottando contro la forte resistenza dell'acqua.
彼は水の激しい抵抗と戦いながら全力で泳いだ。
Si spostarono verso valle più velocemente di quanto riuscissero a raggiungere la riva.
彼らは岸に着くよりも速く下流へ移動した。
Più avanti, il fiume ruggiva più forte, precipitando in rapide mortali.
前方では、川がさらに大きな轟音を立てて、致命的な急流に落ちていった。
Le rocce fendevano l'acqua come i denti di un enorme pettine.
岩が巨大な櫛の歯のように水を切り裂いた。
La forza di attrazione dell'acqua nei pressi del dislivello era selvaggia e ineluttabile.
滝の近くの水の引力は猛烈で逃れられないものでした。

Thornton sapeva che non sarebbero mai riusciti a raggiungere la riva in tempo.
ソーントンは彼らが時間通りに岸に着くことは絶対に不可能だと知っていた。
Raschiò una roccia, ne sbatté una seconda,
彼は一つの岩を擦り、もう一つの岩を叩き、
Poi si schiantò contro una terza roccia, afferrandola con entrambe le mani.
そして彼は3つ目の岩にぶつかり、両手でそれを掴みました。
Lasciò andare Buck e urlò sopra il ruggito: "Vai, Buck! Vai!"
彼はバックを放し、轟音の中で叫びました。「行け、バック！行け！」
Buck non riuscì a restare a galla e fu trascinato dalla corrente.
バックは浮かんでいられず、流れに流されてしまった。
Lottò con tutte le sue forze, cercando di girarsi, ma non fece alcun progresso.
彼は一生懸命抵抗し、方向転換しようとしたが、まったく前進しなかった。
Poi sentì Thornton ripetere il comando sopra il fragore del fiume.
すると、ソーントンが川の轟音にかき消されずに命令を繰り返す声が聞こえた。
Buck si impennò fuori dall'acqua e sollevò la testa come per dare un'ultima occhiata.
バックは水から立ち上がって、最後にもう一度見ようとするかのように頭を上げた。
poi si voltò e obbedì, nuotando verso la riva con risolutezza.
それから向きを変えて従い、決意を持って岸に向かって泳ぎました。
Pete e Hans lo tirarono a riva all'ultimo momento possibile.
ピートとハンスは最後の瞬間に彼を岸に引き上げた。
Sapevano che Thornton avrebbe potuto aggrapparsi alla roccia solo per pochi minuti.

彼らは、ソーントンがあと数分しか岩にしがみついていられないことを知っていた。
Corsero su per la riva fino a un punto molto più in alto rispetto al punto in cui lui era appeso.
彼らは土手を駆け上がり、彼がぶら下がっている場所よりずっと上の地点まで行った。
Legarono con cura la cima della barca al collo e alle spalle di Buck.
彼らはボートのロープをバックの首と肩に慎重に結び付けた。
La corda era stretta ma abbastanza larga da permettere di respirare e muoversi.
ロープはぴったりとフィットしていましたが、呼吸や動きに支障のない程度に緩んでいました。
Poi lo gettarono di nuovo nel fiume impetuoso e mortale.
それから彼らは彼を再び激流の危険な川に投げ込んだ。
Buck nuotò coraggiosamente ma non riuscì a prendere l'angolazione giusta per affrontare la forza della corrente.
バックは大胆に泳いだが、流れの勢いに逆らって泳ぐ角度を間違えた。
Si accorse troppo tardi che stava per superare Thornton.
彼はソーントンを通り過ぎようとしていることに気づくのが遅すぎた。
Hans tirò forte la corda, come se Buck fosse una barca che si capovolge.
ハンスは、まるでバックが転覆する船であるかのように、ロープを強く引っ張った。
La corrente lo trascinò sott'acqua e lui scomparve sotto la superficie.
彼は流れに引き込まれ、水面下に消えていった。
Il suo corpo colpì la riva prima che Hans e Pete lo tirassero fuori.
ハンスとピートが彼を引き上げる前に、彼の体は岸に激突した。
Era mezzo annegato e gli tolsero l'acqua dal corpo.
彼は半分溺れていたが、彼らは彼から水を叩き出した。

Buck si alzò, barcollò e crollò di nuovo a terra.
バックは立ち上がり、よろめき、再び地面に倒れた。
Poi udirono la voce di Thornton portata debolmente dal vento.
そのとき、彼らは風に乗ってかすかにソーントンの声が聞こえた。
Sebbene le parole non fossero chiare, sapevano che era vicino alla morte.
言葉は不明瞭だったが、彼らは彼が死期が近いことを知った。
Il suono della voce di Thornton colpì Buck come una scossa elettrica.
ソーントンの声がバックに電撃のように衝撃を与えた。
Saltò in piedi e corse su per la riva, tornando al punto di partenza.
彼は飛び上がって土手を駆け上がり、出発地点に戻った。
Legarono di nuovo la corda a Buck, e di nuovo lui entrò nel fiume.
再び彼らはバックにロープを結び、バックは再び川に入った。
Questa volta nuotò direttamente e con decisione nell'acqua impetuosa.
今度は、彼は勢いよく流れ込む水の中へまっすぐに、そしてしっかりと泳ぎ込んだ。
Hans lasciò scorrere la corda con regolarità, mentre Pete impediva che si aggrovigliasse.
ハンスはロープを着実に繰り出し、ピートはロープが絡まらないようにした。
Buck nuotò con forza finché non si trovò allineato appena sopra Thornton.
バックはソーントンの真上に並ぶまで懸命に泳ぎ続けた。
Poi si voltò e si lanciò verso di lui come un treno a tutta velocità.

それから彼は向きを変え、全速力で走る列車のように突進しました。
Thornton lo vide arrivare, si preparò e gli abbracciò il collo.
ソーントンは彼が近づいてくるのを見て、身構え、彼の首に腕を回した。
Hans legò saldamente la corda attorno a un albero mentre entrambi venivano tirati sott'acqua.
ハンスは二人が引き込まれると、ロープを木の周りにしっかりと結びました。
Caddero sott'acqua, schiantandosi contro rocce e detriti del fiume.
彼らは水中に転落し、岩や川の残骸に激突した。
Un attimo prima Buck era in cima e un attimo dopo Thornton si alzava ansimando.
一瞬バックが優位に立ったが、次の瞬間ソーントンが息を切らしながら立ち上がった。
Malconci e soffocati, si diressero verso la riva e si misero in salvo.
打ちのめされ、窒息しそうになりながら、彼らは岸へと転進し安全な場所に避難した。
Thornton riprese conoscenza mentre era sdraiato su un tronco alla deriva.
ソーントンは流木の上に横たわり、意識を取り戻した。
Hans e Pete lavorarono duramente per riportarlo a respirare e a vivere.
ハンスとピートは彼に呼吸と命を取り戻すために懸命に働きました。
Il suo primo pensiero fu per Buck, che giaceva immobile e inerte.
彼の最初の考えは、動かずぐったりと横たわっているバックのことだった。
Nig ululò sul corpo di Buck e Skeet gli leccò delicatamente il viso.
ニグはバックの体の上で吠え、スキートはバックの顔を優しく舐めた。

Thornton, dolorante e contuso, esaminò Buck con mano attenta.
ソーントンは、痛みと傷を負いながらも、慎重にバックを診察した。
Ha trovato tre costole rotte, ma il cane non presentava ferite mortali.
犬の肋骨が3本折れているのが見つかったが、致命傷はなかった。
"Questo è tutto", disse Thornton. "Ci accamperemo qui". E così fecero.
「それで決まりだ」とソーントンは言った。「ここでキャンプする」そして彼らは実際にキャンプした。
Rimasero lì finché le costole di Buck non guarirono e lui poté di nuovo camminare.
彼らはバックの肋骨が治り、彼が再び歩けるようになるまでそこに留まりました。

Quell'inverno Buck compì un'impresa che accrebbe ulteriormente la sua fama.
その冬、バックは彼の名声をさらに高める偉業を成し遂げた。
Fu un gesto meno eroico del salvataggio di Thornton, ma altrettanto impressionante.
それはソーントンを救ったことほど英雄的ではなかったが、同じくらい印象的だった。
A Dawson, i soci avevano bisogno di provviste per un viaggio lontano.
ドーソンでは、パートナーたちは遠出の旅に必要な物資を必要としていました。
Volevano viaggiare verso est, in terre selvagge e incontaminate.
彼らは東の、人の手が入っていない荒野へ旅したいと考えていました。
Quel viaggio fu possibile grazie all'impresa compiuta da Buck nell'Eldorado Saloon.

エルドラド・サルーンでのバックの功績により、その旅が可能になった。
Tutto cominciò con degli uomini che si vantavano dei loro cani bevendo qualcosa.
それは、酒を飲みながら自分の犬を自慢する男性たちから始まった。
La fama di Buck lo rese bersaglio di sfide e dubbi.
バックの名声のせいで、彼は挑戦と疑いの的となった。
Thornton, fiero e calmo, rimase fermo nel difendere il nome di Buck.
ソーントンは誇り高く冷静に、バックの名誉を守るために毅然とした態度を貫いた。
Un uomo ha affermato che il suo cane riusciva a trainare facilmente duecentocinquanta chili.
ある男性は、自分の犬は500ポンドを楽々と引っ張ることができると言いました。
Un altro disse seicento, e un terzo si vantò di settecento.
別の者は600だと言い、3人目は700だと自慢した。
"Pfft!" disse John Thornton, "Buck può trainare una slitta da mille libbre."
「ふん！」ジョン・ソーントンは言った。「バックは1000ポンドのそりを引けるんだぞ。」
Matthewson, un Bonanza King, si sporse in avanti e lo sfidò.
ボナンザ・キングのマシューソンは身を乗り出して彼に挑戦した。
"Pensi che possa spostare tutto quel peso?"
「彼はそんなに重いものを動かせると思いますか？」
"E pensi che riesca a sollevare il peso per cento metri?"
「それで、彼は100ヤードも重量物を引っ張れると思いますか？」
Thornton rispose freddamente: "Sì. Buck è abbastanza cane da farlo."
ソーントンは冷静に答えた。「ああ。バックはそれをやるだけの力がある」
"Metterà in moto mille libbre e la tirerà per cento metri."

「彼は1000ポンドを動かして、それを100ヤード引っ張るでしょう。」

Matthewson sorrise lentamente e si assicurò che tutti gli uomini udissero le sue parole.

マシューソンはゆっくりと微笑み、全員が自分の言葉を聞いていることを確認した。

"Ho mille dollari che dicono che non può. Eccoli."

「彼には無理だと証明する1000ドルの証拠がある。これだ」

Sbatté sul bancone un sacco di polvere d'oro grande quanto una salsiccia.

彼はソーセージほどの大きさの金粉の袋をバーに叩きつけた。

Nessuno disse una parola. Il silenzio si fece pesante e teso intorno a loro.

誰も一言も発しなかった。周囲に重苦しい沈黙と緊張が漂った。

Il bluff di Thornton, se mai lo fu, era stato preso sul serio.

ソーントンのブラフは、もしそうであったとしても、真剣に受け止められた。

Sentì il calore salirgli al viso mentre il sangue gli affluiva alle guance.

彼は頬に血が上って顔が熱くなるのを感じた。

In quel momento la sua lingua aveva preceduto la ragione.

その瞬間、彼の言葉は理性を先取りしていた。

Non sapeva davvero se Buck sarebbe riuscito a spostare mille libbre.

バックが1000ポンドを動かせるかどうか、彼には本当にわからなかった。

Mezza tonnellata! Solo la sua mole gli faceva sentire il cuore pesante.

なんと半トン！その大きさだけでも胸が重くなる。

Aveva fiducia nella forza di Buck e lo riteneva capace.

彼はバックの強さを信頼しており、彼が有能だと考えていた。

Ma non aveva mai affrontato una sfida di questo tipo, non in questo modo.
しかし、彼はこのような種類の課題に直面したことがなかった。
Una dozzina di uomini lo osservavano in silenzio, in attesa di vedere cosa avrebbe fatto.
12人の男たちが静かに彼を見て、彼が何をするかを待っていた。
Lui non aveva i soldi, e nemmeno Hans e Pete.
彼にはお金がなかった。ハンスにもピートにもお金がなかった。
"Ho una slitta fuori", disse Matthewson in modo freddo e diretto.
「外にそりがあるよ」とマシューソンは冷たく直接言った。
"È carico di venti sacchi, da cinquanta libbre ciascuno, tutti di farina.
「20袋、それぞれ50ポンドの小麦粉が詰まっています。
Quindi non lasciare che la scomparsa della slitta diventi la tua scusa", ha aggiunto.
だから今は、そりがなくなったことを言い訳にしてはいけない」と彼は付け加えた。
Thornton rimase in silenzio. Non sapeva che parole dire.
ソーントンは黙って立っていた。何と言えばいいのか分からなかった。
Guardò i volti intorno a sé senza vederli chiaramente.
彼ははっきりと顔は見えないまま、周囲を見回した。
Sembrava un uomo immerso nei suoi pensieri, che cercava di ripartire.
彼は、考え込んで立ち直ろうとしている男のように見えた。
Poi incontrò Jim O'Brien, un amico dei tempi dei Mastodon.
すると彼は、マストドン時代の友人であるジム・オブライエンに会った。
Quel volto familiare gli diede un coraggio che non sapeva di avere.

その馴染みのある顔は、彼に、自分が持っているとは知らなかった勇気を与えた。
Si voltò e chiese a bassa voce: "Puoi prestarmi mille dollari?"
彼は振り返って低い声で尋ねました。「1000ドル貸してもらえますか？」
"Certo", disse O'Brien, lasciando cadere un pesante sacco vicino all'oro.
「もちろんだ」オブライエンは、重い袋を金貨のそばに落としながら言った。
"Ma sinceramente, John, non credo che la bestia possa fare questo."
「でも正直に言うと、ジョン、あの獣がそんなことできるとは思えないよ。」
Tutti quelli presenti all'Eldorado Saloon si precipitarono fuori per assistere all'evento.
エルドラド・サルーンにいた全員が、その出来事を見るために外に駆け出しました。
Lasciarono tavoli e bevande e perfino le partite furono sospese.
彼らはテーブルと飲み物を去り、ゲームさえも中断しました。
Croupier e giocatori accorsero per assistere alla conclusione di questa audace scommessa.
ディーラーとギャンブラーたちは、大胆な賭けの結末を見届けるためにやって来た。
Centinaia di persone si radunarono attorno alla slitta sulla strada ghiacciata.
凍った広い道路に置かれたそりの周りには何百人もの人が集まりました。
La slitta di Matthewson era carica di un carico completo di sacchi di farina.
マシューソンのそりには小麦粉の袋が満載されていた。
La slitta era rimasta ferma per ore a temperature sotto lo zero.
そりはマイナス気温の中で何時間も放置されていた。

I pattini della slitta erano congelati e incollati alla neve compatta.
そりの滑走部は踏み固められた雪にぴったりと凍りついていた。
Gli uomini scommettevano due a uno che Buck non sarebbe riuscito a spostare la slitta.
男たちは、バックがそりを動かせなくなる確率は2対1だと主張。
Scoppiò una disputa su cosa significasse realmente "break out".
「ブレイクアウト」が実際に何を意味するかについて論争が勃発した。
O'Brien ha affermato che Thornton dovrebbe allentare la base ghiacciata della slitta.
オブライエン氏は、ソーントン氏がそりの凍った底を緩めるべきだと述べた。
Buck potrebbe quindi "rompere" una partenza solida e immobile.
すると、バックはしっかりとした静止したスタートから「抜け出す」ことができるのです。
Matthewson sosteneva che anche il cane doveva liberare i corridori.
マシューソンさんは、犬もランナーを解放しなければならないと主張した。
Gli uomini che avevano sentito la scommessa concordavano con Matthewson.
その賭けを聞いた男たちはマシューソンの意見に同意した。
Con questa sentenza, le probabilità contro Buck salirono a tre a uno.
この判決により、バック氏の不利な状況は3対1に跳ね上がった。
Nessuno si fece avanti per accettare le crescenti quote di tre a uno.
3対1の差が拡大する中、誰も前に出ようとしなかった。

Nessuno credeva che Buck potesse compiere la grande impresa.
バックがその偉業を成し遂げられると信じた者は一人もいなかった。
Thornton era stato spinto a scommettere, pieno di dubbi.
ソーントンは強い疑念を抱きながら、賭けに飛び込んだ。
Ora guardava la slitta e la muta di dieci cani accanto ad essa.
今、彼はそりと、その横の十頭の犬ぞりに目をやった。
Vedere la realtà del compito lo faceva sembrare ancora più impossibile.
課題の現実を見ると、さらに不可能に思えてきました。
In quel momento Matthewson era pieno di orgoglio e sicurezza.
マシューソンはその瞬間、誇りと自信に満ち溢れていた。
"Tre a uno!" urlò. "Ne scommetto altri mille, Thornton!
「三対一だ！」と彼は叫んだ。「さらに千ドル賭けてやるよ、ソーントン！」
"Cosa dici?" aggiunse, abbastanza forte da farsi sentire da tutti.
「何と言いますか？」と彼は全員に聞こえるくらい大きな声で付け加えた。
Il volto di Thornton esprimeva i suoi dubbi, ma il suo spirito era sollevato.
ソーントンの顔には疑念が浮かんでいたが、彼の精神は高揚していた。
Quello spirito combattivo ignorava le avversità e non temeva nulla.
その闘志は逆境をものともせず、何も恐れなかった。
Chiamò Hans e Pete perché portassero tutti i loro soldi al tavolo.
彼はハンスとピートに現金を全部テーブルに持ってくるように呼びかけた。
Non gli era rimasto molto altro: solo duecento dollari in tutto.

彼らに残ったのはわずか 200 ドルだけだった。
Questa piccola somma costituiva la loro intera fortuna nei momenti difficili.
このわずかな金額が、苦難の時代における彼らの全財産だった。
Ciononostante puntarono tutta la loro fortuna contro la scommessa di Matthewson.
それでも、彼らはマシューソンの賭けに全財産を賭けた。
La muta composta da dieci cani venne sganciata e allontanata dalla slitta.
10頭の犬ぞりは繋ぎが解かれ、そりから離れ去った。
Buck venne messo alle redini, indossando la sua consueta imbracatura.
バックはいつもの馬具を着けて手綱を握った。
Aveva colto l'energia della folla e ne aveva percepito la tensione.
彼は群衆のエネルギーを感知し、緊張を感じ取った。
In qualche modo sapeva che doveva fare qualcosa per John Thornton.
どういうわけか、彼はジョン・ソーントンのために何かをしなくてはならないことを知っていました。
La gente mormorava ammirata di fronte alla figura fiera del cane.
人々は犬の誇らしげな姿に感嘆の声をあげた。
Era magro e forte, senza un solo grammo di carne in più.
彼は痩せていて強健で、余分な肉はひとつもなかった。
Il suo peso di centocinquanta chili era sinonimo di potenza e resistenza.
彼の総重量150ポンドはすべて力と持久力でした。
Il mantello di Buck brillava come la seta, denso di salute e forza.
バックの毛皮は健康と強さで厚く、絹のように輝いていた。
La pelliccia sul collo e sulle spalle sembrava sollevarsi e drizzarsi.

首や肩の毛が浮き上がって逆立っているように見えた。
La sua criniera si muoveva leggermente, ogni capello era animato dalla sua grande energia.
彼のたてがみはわずかに動いていて、毛の一本一本が彼の大きなエネルギーで生き生きとしていた。
Il suo petto ampio e le sue gambe forti si sposavano bene con la sua corporatura pesante e robusta.
彼の広い胸と強い脚は、彼の重くて頑丈な体格によく似合っていた。
I muscoli si tesero sotto il cappotto, tesi e sodi come ferro legato.
彼のコートの下で筋肉が波打っており、鉄のように引き締まっていた。
Gli uomini lo toccavano e giuravano che era fatto come una macchina d'acciaio.
男たちは彼に触れて、彼が鋼鉄の機械のような体格だと断言した。
Le probabilità contro il grande cane sono scese leggermente a due a uno.
偉大な犬に対するオッズはわずかに2対1に下がりました。
Un uomo dei banchi di Skookum si fece avanti balbettando.
スクーカムベンチの男がどもりながら前に進み出た。
"Bene, signore! Offro ottocento per lui... prima della prova, signore!"
「結構です！テスト前なので800ドル差し上げます！」
"Ottocento, così com'è adesso!" insistette l'uomo.
「今の体重だと800キロだ！」男は主張した。
Thornton fece un passo avanti, sorrise e scosse la testa con calma.
ソーントンは前に進み出て微笑み、静かに首を振った。
Matthewson intervenne rapidamente con tono ammonitore e aggrottando la fronte.
マシューソンはすぐに介入し、警告の声を上げて眉をひそめた。
"Devi allontanarti da lui", disse. "Dagli spazio."

「彼から離れなさい」と彼は言った。「彼にスペースを与えなさい」
La folla tacque; solo i giocatori continuavano a offrire due a uno.
群衆は静まり返り、ギャンブラーだけがまだ2対1で賭けを申し出ていた。
Tutti ammiravano la corporatura di Buck, ma il carico sembrava troppo pesante.
誰もがバックの体格を賞賛したが、荷物が大きすぎるように見えた。
Venti sacchi di farina, ciascuno del peso di cinquanta libbre, sembravano decisamente troppi.
小麦粉20袋(各50ポンドの重さ)は多すぎるように思えました。
Nessuno era disposto ad aprire la borsa e a rischiare i propri soldi.
誰もポーチを開けてお金を危険にさらそうとはしませんでした。
Thornton si inginocchiò accanto a Buck e gli prese la testa tra entrambe le mani.
ソーントンはバックの横にひざまずき、両手で彼の頭を包んだ。
Premette la guancia contro quella di Buck e gli parlò all'orecchio.
彼はバックの頬に自分の頬を押し当てて、耳元で話しかけた。
Non c'erano più né scossoni giocosi né insulti affettuosi sussurrati.
今では、ふざけて体を揺らしたり、愛を込めてささやき合ったりすることはない。
Mormorò solo dolcemente: "Quanto mi ami, Buck."
彼はただ小さく呟いた。「君が僕を愛しているのと同じくらい、バック。」
Buck emise un gemito sommesso, trattenendo a stento la sua impazienza.

バックは静かに鳴き声をあげたが、熱意をかろうじて抑えていた。
Gli astanti osservavano con curiosità la tensione che aleggiava nell'aria.
緊張感が漂う中、傍観者たちは好奇心を持って見守った。
Quel momento sembrava quasi irreale, qualcosa che trascendeva la ragione.
その瞬間は、まるで理屈を超えた何かのようで、ほとんど非現実的に感じられました。
Quando Thornton si alzò, Buck gli prese delicatamente la mano tra le fauci.
ソーントンが立ち上がると、バックはそっと彼の手を口の中に入れた。
Premette con i denti, poi lasciò andare lentamente e delicatamente.
彼は歯で押さえ、それからゆっくりと優しく離した。
Fu una risposta silenziosa d'amore, non detta, ma compresa.
それは言葉で表現されたものではなく、理解された愛の静かな答えでした。
Thornton si allontanò di molto dal cane e diede il segnale.
ソーントンは犬から十分離れて合図を出した。
"Ora, Buck", disse, e Buck rispose con calma concentrata.
「さて、バック」と彼は言い、バックは冷静に集中して応えた。
Buck tese le corde, poi le allentò di qualche centimetro.
バックは、レールを締め、それから数インチ緩めました。
Questo era il metodo che aveva imparato; il suo modo per rompere la slitta.
これは彼が学んだ方法であり、そりを壊す彼のやり方だった。
"Caspita!" urlò Thornton, con voce acuta nel silenzio pesante.
「おいおい！」ソーントンは重苦しい沈黙の中で鋭い声で叫んだ。

Buck si girò verso destra e si lanciò con tutto il suo peso.
バックは右に向きを変え、全身全霊で突進した。
Il gioco svanì e tutta la massa di Buck colpì le timonerie strette.
たるみは消え、バックの全質量がタイトなトレースにぶつかりました。
La slitta tremò e i pattini produssero un suono secco e scoppiettante.
そりは震え、ランナーはパリパリという音を立てた。
"Haw!" ordinò Thornton, cambiando di nuovo direzione a Buck.
「ホー！」ソーントンは再びバックの方向を変えながら命令した。
Buck ripeté la mossa, questa volta tirando bruscamente verso sinistra.
バックは同じ動きを繰り返し、今度は鋭く左に引いた。
La slitta scricchiolava più forte, i pattini schioccavano e si spostavano.
そりの音がさらに大きくなり、ランナーがパチンと音を立ててずれた。
Il pesante carico scivolò leggermente di lato sulla neve ghiacciata.
重い荷物は凍った雪の上をわずかに横に滑りました。
La slitta si era liberata dalla presa del sentiero ghiacciato!
そりは凍った道のグリップから抜け出しました！
Gli uomini trattennero il respiro, inconsapevoli di non stare nemmeno respirando.
男たちは息を止めていたが、自分たちが呼吸をしていないことにも気づいていなかった。
"Ora, TIRA!" gridò Thornton nel silenzio glaciale.
「さあ、引け！」凍りついた沈黙の中でソーントンは叫んだ。
Il comando di Thornton risuonò netto, come lo schiocco di una frusta.
ソーントンの命令は鞭の音のように鋭く響き渡った。
Buck si lanciò in avanti con un affondo violento e violento.

バックは激しく、衝撃を与える突進で前方に突進した。
Tutto il suo corpo si irrigidì e si contrasse sotto l'enorme sforzo.
彼の全身は大きな負担で緊張し、縮こまってしまった。
I muscoli si muovevano sotto la pelliccia come serpenti che prendevano vita.
毛皮の下で筋肉が波打っており、蛇が生き返ったようだった。
Il suo grande petto era basso e la testa era protesa in avanti verso la slitta.
彼の大きな胸は低く垂れ下がり、頭はそりに向かって前方に伸びていた。
Le sue zampe si muovevano come fulmini e gli artigli fendevano il terreno ghiacciato.
彼の足は稲妻のように動き、爪が凍った地面を切り裂いた。
I solchi erano profondi mentre lottava per ogni centimetro di trazione.
彼が少しでもトラクションを得ようと奮闘するにつれ、溝は深く刻まれていった。
La slitta ondeggiò, tremò e cominciò a muoversi lentamente e in modo inquieto.
そりは揺れ、震え、ゆっくりと不安定な動きを始めた。
Un piede scivolò e un uomo tra la folla gemette ad alta voce.
片足が滑って、群衆の中の男が大きな声でうめき声をあげた。
Poi la slitta si lanciò in avanti con un movimento brusco e a scatti.
するとそりはガクガクと激しく動きながら前方に突進した。
Non si fermò più: mezzo pollice...un pollice...cinque pollici in più.
それはまた止まらなかった。半インチ、1インチ、さらに2インチ。
Gli scossoni si fecero più lievi man mano che la slitta cominciava ad acquistare velocità.

そりがスピードを上げ始めると、揺れは小さくなっていった。
Presto Buck cominciò a tirare con una potenza fluida e uniforme.
すぐにバックはスムーズで均一な回転力で牽引するようになりました。
Gli uomini sussultarono e finalmente si ricordarono di respirare di nuovo.
男たちは息を呑み、ようやく再び呼吸することを思い出した。
Non si erano accorti che il loro respiro si era fermato per lo stupore.
彼らは畏怖の念で息が止まっていたことに気づいていなかった。
Thornton gli corse dietro, gridando comandi brevi e allegri.
ソーントンは短く明るい命令を叫びながら後ろを走った。
Davanti a noi c'era una catasta di legna da ardere che segnava la distanza.
前方には距離を示す薪の山がありました。
Mentre Buck si avvicinava al mucchio, gli applausi diventavano sempre più forti.
バックが山に近づくにつれて、歓声はますます大きくなった。
Gli applausi crebbero fino a diventare un boato quando Buck superò il traguardo.
バックがゴール地点を通過すると、歓声は大音響にまで高まった。
Gli uomini saltarono e gridarono, perfino Matthewson sorrise.
男たちは飛び上がって叫び、マシューソン氏さえも笑顔を見せた。
I cappelli volavano in aria e i guanti venivano lanciati senza pensarci o mirare.
帽子は空に舞い、手袋は考えも目的もなく投げられた。

Gli uomini si afferrarono e si strinsero la mano senza sapere chi.
男たちは、誰とも知らずに、互いに掴み合って握手をした。
Tutta la folla era in delirio, in un tripudio di gioia e di entusiasmo.
群衆全体が熱狂的な喜びの祝賀でざわめいた。
Thornton cadde in ginocchio accanto a Buck con le mani tremanti.
ソーントンは震える手でバックの横にひざまずいた。
Premette la testa contro quella di Buck e lo scosse delicatamente avanti e indietro.
彼はバックの頭に自分の頭を押し当てて、優しく前後に揺さぶった。
Chi si avvicinava lo sentiva maledire il cane con amore silenzioso.
近づいた人々は、彼が静かに愛情を込めて犬を呪うのを聞いた。
Imprecò a lungo contro Buck, con dolcezza, calore, emozione.
彼はバックに向かって長い間、優しく、熱く、感情を込めて罵り続けた。
"Bene, signore! Bene, signore!" esclamò di corsa il re della panchina di Skookum.
「よかったです！よかったです！」スクーカムベンチの王は慌てて叫んだ。
"Le darò mille, anzi milleduecento, per quel cane, signore!"
「その犬に1000ドル、いえ、1200ドルお支払いします！」
Thornton si alzò lentamente in piedi, con gli occhi brillanti di emozione.
ソーントンは感情に輝いた目でゆっくりと立ち上がった。
Le lacrime gli rigavano le guance senza alcuna vergogna.
彼の頬には恥ずかしげもなく涙が流れ落ちた。

"Signore", disse al re della panchina di Skookum, con fermezza e fermezza

「閣下」彼はスクーカムベンチキングに、落ち着いて毅然と言った。

"No, signore. Può andare all'inferno, signore. Questa è la mia risposta definitiva."

「いいえ。地獄に落ちてください。これが私の最終的な答えです。」

Buck afferrò delicatamente la mano di Thornton tra le sue forti mascelle.

バックは力強い顎でソーントンの手を優しく掴んだ。

Thornton lo scosse scherzosamente; il loro legame era più profondo che mai.

ソーントンは彼をふざけて揺さぶったが、二人の絆は相変わらず深かった。

La folla, commossa dal momento, fece un passo indietro in silenzio.

群衆はその瞬間に感動し、静かに後ずさりした。

Da quel momento in poi nessuno osò più interrompere un affetto così sacro.

それ以来、誰もそのような神聖な愛情を邪魔しようとはしなかった。

Il suono della chiamata
呼び声の音

Buck aveva guadagnato milleseicento dollari in cinque minuti.
バックは5分間で1600ドルを稼いだ。
Il denaro permise a John Thornton di saldare alcuni dei suoi debiti.
そのお金でジョン・ソーントンは借金の一部を返済することができた。
Con il resto del denaro si diresse verso est insieme ai suoi soci.
残りのお金を持って、彼は仲間とともに東へ向かった。
Cercarono una leggendaria miniera perduta, antica quanto il paese stesso.
彼らは、国自体と同じくらい古い、伝説の失われた鉱山を探していました。
Molti uomini avevano cercato la miniera, ma pochi l'avevano trovata.
多くの人が鉱山を探したが、発見できた人はほとんどいなかった。
Molti uomini erano scomparsi durante la pericolosa ricerca.
危険な探索中に行方不明になった男も少なくなかった。
Questa miniera perduta era avvolta nel mistero e nella vecchia tragedia.
この失われた鉱山は謎と昔の悲劇に包まれていました。
Nessuno sapeva chi fosse stato il primo uomo a scoprire la miniera.
鉱山を最初に発見した人が誰であったかは誰も知らなかった。
Le storie più antiche non menzionano nessuno per nome.
最も古い物語には誰の名前も出てきません。
Lì c'era sempre stata una vecchia capanna fatiscente.
そこには古くて荒れ果てた小屋がずっとあった。
I moribondi avevano giurato che vicino a quella vecchia capanna ci fosse una miniera.

死にゆく男たちは、その古い小屋の隣に地雷があると断言した。
Hanno dimostrato le loro storie con un oro che non ha eguali altrove.
彼らは、他では見つからないような金で自分たちの話を証明した。
Nessuna anima viva aveva mai saccheggiato il tesoro da quel luogo.
これまで、その場所から宝物を略奪した者は誰もいなかった。
I morti erano morti e i morti non raccontano storie.
死者は死んだ。そして死者は何も語らない。
Così Thornton e i suoi amici si diressero verso Est.
そこでソーントンとその友人たちは東へ向かった。
Si unirono a noi Pete e Hans, portando con sé Buck e sei cani robusti.
ピートとハンスもバックと6匹の強い犬を連れて参加しました。
Si avviarono lungo un sentiero sconosciuto dove altri avevano fallito.
彼らは、他の人々が失敗した未知の道を歩み始めた。
Percorsero in slitta settanta miglia lungo il fiume Yukon ghiacciato.
彼らは凍ったユーコン川を70マイルそりで遡った。
Girarono a sinistra e seguirono il sentiero verso lo Stewart.
彼らは左に曲がり、道を辿ってスチュワートへと入った。
Superarono il Mayo e il McQuestion e proseguirono oltre.
彼らはメイヨーとマククエスチョンを通過し、さらに前進した。
Lo Stewart si restringeva fino a diventare un ruscello, infilandosi tra cime frastagliate.
スチュワート川は、ギザギザの峰々を縫うように流れながら、縮小していった。
Queste vette aguzze rappresentavano la spina dorsale del continente.

これらの鋭い峰々はまさに大陸の背骨を形作っています。

John Thornton pretendeva poco dagli uomini e dalla terra selvaggia.
ジョン・ソーントンは人間や荒野にほとんど何も要求しなかった。

Non temeva nulla della natura e affrontava la natura selvaggia con disinvoltura.
彼は自然の中で何も恐れることなく、野生に気楽に立ち向かった。

Con solo del sale e un fucile poteva viaggiare dove voleva.
塩とライフル銃だけを持って、彼は望むところへ旅することができた。

Come gli indigeni, durante il viaggio cacciava per procurarsi il cibo.
原住民たちと同じように、彼は旅をしながら食べ物を狩りました。

Se non prendeva nulla, continuava ad andare avanti, confidando nella fortuna che lo attendeva.
何も釣れなかったら、彼は幸運を祈って進み続けた。

Durante questo lungo viaggio, la carne era l'alimento principale di cui si nutrivano.
この長い旅の間、彼らが主に食べたのは肉でした。

La slitta trasportava attrezzi e munizioni, ma non c'era un orario preciso.
そりには道具や弾薬が積まれていたが、厳密なスケジュールはなかった。

Buck amava questo vagabondare, la caccia e la pesca senza fine.
バックはこの放浪、終わりのない狩りと釣りを愛していた。

Per settimane viaggiarono senza sosta, giorno dopo giorno.
彼らは何週間も毎日休みなく旅を続けた。

Altre volte si accampavano e restavano fermi per settimane.
時にはキャンプを張って何週間もじっと留まることもあった。

I cani riposarono mentre gli uomini scavavano nel terreno ghiacciato.
男たちが凍った土を掘っている間、犬たちは休んでいた。
Scaldavano le padelle sul fuoco e cercavano l'oro nascosto.
彼らは火で鍋を温め、隠された金を探しました。
C'erano giorni in cui pativano la fame, altri in cui banchettavano.
ある日彼らは飢え、ある日はごちそうを食べました。
Il loro pasto dipendeva dalla selvaggina e dalla fortuna della caccia.
彼らの食事は獲物と狩りの運次第だった。
Con l'arrivo dell'estate, uomini e cani caricavano carichi sulle spalle.
夏になると、男たちと犬たちは背中に荷物を詰め込んだ。
Fecero rafting sui laghi azzurri nascosti nelle foreste di montagna.
彼らは山の森に隠れた青い湖をラフティングで渡りました。
Navigavano su imbarcazioni sottili su fiumi che nessun uomo aveva mai mappato.
彼らは、誰も地図に描いたことのない川を細長い船で航海した。
Quelle barche venivano costruite con gli alberi che avevano segato in natura.
これらのボートは野生で伐採した木から造られました。

Passarono i mesi e loro viaggiarono attraverso terre selvagge e sconosciute.
数ヶ月が過ぎ、彼らは未知の荒野を旅した。
Non c'erano uomini lì, ma vecchie tracce lasciavano intendere che alcuni di loro fossero presenti.
そこには男はいなかったが、古い痕跡が男がいたことを暗示していた。

Se la Capanna Perduta fosse esistita davvero, allora altre persone in passato erano passate da lì.
もし「失われた小屋」が実在するのなら、かつて他の人々もこの道を通ってきたことになる。
Attraversavano passi alti durante le bufere di neve, anche d'estate.
彼らは夏でも吹雪の中、高い峠を越えた。
Rabbrividivano sotto il sole di mezzanotte sui pendii brulli delle montagne.
彼らは裸の山の斜面で真夜中の太陽の下、震えていた。
Tra il limite degli alberi e i campi di neve, salivano lentamente.
森林限界と雪原の間を彼らはゆっくりと登っていった。
Nelle valli calde, scacciavano nuvole di moscerini e mosche.
暖かい谷間では、彼らはブヨやハエの大群を叩き落としました。
Raccolsero bacche dolci vicino ai ghiacciai nel pieno della fioritura estiva.
彼らは真夏に花を咲かせた氷河の近くで甘いベリーを摘みました。
I fiori che trovarono erano belli quanto quelli del Southland.
彼らが見つけた花は、南部の花と同じくらい美しかった。
Quell'autunno giunsero in una regione solitaria piena di laghi silenziosi.
その秋、彼らは静かな湖が広がる寂しい地域に到着した。
La terra era triste e vuota, un tempo brulicava di uccelli e animali.
かつては鳥や獣たちが生きていたこの地は、悲しく空虚な場所でした。
Ora non c'era più vita, solo il vento e il ghiaccio che si formava nelle pozze.
今では生命は存在せず、ただ風と水たまりに形成される氷だけが存在していました。

Le onde lambivano le rive deserte con un suono dolce e lugubre.
波は柔らかく悲しげな音を立てながら、誰もいない海岸に打ち寄せた。

Arrivò un altro inverno e loro seguirono di nuovo deboli e vecchi sentieri.
再び冬が来て、彼らは再びかすかな古い道をたどりました。

Erano le tracce di uomini che avevano cercato molto prima di loro.
これらは、彼らよりずっと前に捜索していた人々の足跡でした。

Una volta trovarono un sentiero che si inoltrava nel profondo della foresta oscura.
彼らはかつて暗い森の奥深くに切り込まれた道を見つけました。

Era un vecchio sentiero e sentivano che la baita perduta era vicina.
それは古い道であり、彼らは失われた小屋が近いと感じました。

Ma il sentiero non portava da nessuna parte e si perdeva nel fitto del bosco.
しかし、道はどこにも通じず、深い森の中に消えていった。

Nessuno sapeva chi avesse tracciato il sentiero e perché lo avesse fatto.
誰がその道を作ったのか、そしてなぜ作ったのかは誰も知らなかった。

Più tardi trovarono i resti di una capanna nascosta tra gli alberi.
その後、彼らは木々の間に隠れたロッジの残骸を発見した。

Coperte marce erano sparse dove un tempo qualcuno aveva dormito.

かつて誰かが寝ていた場所には、腐った毛布が散乱していた。
John Thornton trovò sepolto all'interno un fucile a pietra focaia a canna lunga.
ジョン・ソーントンは、中に埋められていた長い銃身のフリントロック式銃を発見した。
Sapeva fin dai primi tempi che si trattava di un cannone della Hudson Bay.
彼は取引の初期の頃からこれがハドソン湾の銃であることを知っていた。
A quei tempi, tali armi venivano barattate con pile di pelli di castoro.
当時、そのような銃は大量のビーバーの皮と交換されていました。
Questo era tutto: non rimaneva alcuna traccia dell'uomo che aveva costruito la loggia.
それがすべてだった。ロッジを建てた男についての手がかりは何一つ残っていなかった。

Arrivò di nuovo la primavera e non trovarono traccia della Capanna Perduta.
再び春が来たが、彼らは失われた小屋の痕跡を見つけられなかった。
Invece trovarono un'ampia valle con un ruscello poco profondo.
代わりに彼らは浅い小川のある広い谷を見つけました。
L'oro si stendeva sul fondo della pentola come burro giallo e liscio.
金は滑らかな黄色いバターのように鍋の底に広がっていました。
Si fermarono lì e non cercarono oltre la cabina.
彼らはそこで立ち止まり、それ以上小屋を捜すことはしなかった。
Ogni giorno lavoravano e ne trovavano migliaia di pezzi in polvere d'oro.
彼らは毎日働いて何千もの金粉を発見しました。

Confezionarono l'oro in sacchi di pelle di alce, da cinquanta libbre ciascuno.
彼らは金貨をヘラジカの皮の袋にそれぞれ50ポンドずつ詰めた。
I sacchi erano accatastati come legna da ardere fuori dal loro piccolo rifugio.
彼らの小さな小屋の外に、袋が薪のように積み上げられていた。
Lavoravano come giganti e i giorni trascorrevano veloci come sogni.
彼らは巨人のように働き、日々はあっという間に夢のように過ぎていった。
Accumularono tesori mentre gli infiniti giorni trascorrevano rapidamente.
終わりのない日々があっという間に過ぎていくなか、彼らは宝物を積み上げていった。
I cani avevano ben poco da fare, se non trasportare la carne di tanto in tanto.
時々肉を運ぶ以外、犬達にやることはほとんどなかった。
Thornton cacciò e uccise la selvaggina, mentre Buck si sdraiò accanto al fuoco.
ソーントンは獲物を狩って殺し、バックは火のそばに横たわっていた。
Trascorse lunghe ore in silenzio, perso nei pensieri e nei ricordi.
彼は長い時間を沈黙の中で過ごし、考えや記憶に浸っていた。
L'immagine dell'uomo peloso tornava sempre più spesso alla mente di Buck.
毛深い男のイメージがバックの心の中に頻繁に浮かんだ。
Ora che il lavoro scarseggiava, Buck sognava mentre sbatteva le palpebre verso il fuoco.
仕事がほとんどなくなったので、バックは火を見つめながら夢を見ていた。

In quei sogni, Buck vagava con l'uomo in un altro mondo.
夢の中で、バックはその男とともに別の世界をさまよっていた。
La paura sembrava il sentimento più forte in quel mondo lontano.
その遠い世界では恐怖が最も強い感情であるように思えた。
Buck vide l'uomo peloso dormire con la testa bassa.
バックは毛深い男が頭を低く下げて眠っているのを見た。
Aveva le mani giunte e il suo sonno era agitato e interrotto.
彼は両手を握りしめており、眠りは不安定で中断されていた。
Si svegliava di soprassalto e fissava il buio con timore.
彼はいつもびっくりして目を覚まし、恐怖に怯えながら暗闇を見つめていた。
Poi aggiungeva altra legna al fuoco per mantenere viva la fiamma.
それから彼は炎を明るく保つためにさらに木を火に投げ入れました。
A volte camminavano lungo una spiaggia in riva a un mare grigio e infinito.
時々彼らは灰色の果てしない海のそばの浜辺を歩いた。
L'uomo peloso raccolse i frutti di mare e li mangiò mentre camminava.
毛深い男は歩きながら貝を摘んで食べた。
I suoi occhi cercavano sempre pericoli nascosti nell'ombra.
彼の目は常に影に隠れた危険を探し求めていた。
Le sue gambe erano sempre pronte a scattare al primo segno di minaccia.
彼の足は、脅威を感じた瞬間にすぐに走れる準備ができていた。
Avanzavano furtivamente nella foresta, silenziosi e cauti, uno accanto all'altro.
彼らは静かに、用心深く、並んで森の中を進んでいった。

Buck lo seguì alle calcagna, ed entrambi rimasero all'erta.
バックは彼の後を追ったが、二人とも警戒を怠らなかった。
Le loro orecchie si muovevano e si contraevano, i loro nasi fiutavano l'aria.
彼らの耳はぴくぴくと動き、鼻は空気を嗅ぎました。
L'uomo riusciva a sentire e ad annusare la foresta in modo altrettanto acuto quanto Buck.
男はバックと同じくらい鋭く森の音を聞き、匂いを嗅ぐことができた。
L'uomo peloso si lanciò tra gli alberi a velocità improvvisa.
毛深い男は突然のスピードで木々の間を飛び越えた。
Saltava da un ramo all'altro senza mai perdere la presa.
彼はつかんだものを一度も逃さず、枝から枝へと飛び移った。
Si muoveva con la stessa rapidità con cui si muoveva sopra e sopra il terreno.
彼は地上で動くのと同じくらい速く地上でも動いた。
Buck ricordava le lunghe notti passate sotto gli alberi a fare la guardia.
バックは木々の下で監視をしていた長い夜を思い出した。
L'uomo dormiva appollaiato sui rami, aggrappandosi forte.
男はしっかりと枝にしがみついて眠った。
Questa visione dell'uomo peloso era strettamente legata al richiamo profondo.
この毛深い男の幻影は深い呼び声と密接に結びついていました。
Il richiamo risuonava ancora nella foresta con una forza inquietante.
その呼び声は今も忘れがたい力で森中に響き渡っていた。
La chiamata riempì Buck di desiderio e di un inquieto senso di gioia.
その電話はバックを憧れと落ち着かない喜びで満たした。

Sentì strani impulsi e stimoli a cui non riusciva a dare un nome.
彼は、名前のつけられない奇妙な衝動と興奮を感じた。
A volte seguiva la chiamata inoltrandosi nel silenzio dei boschi.
時々彼はその呼び声に従って静かな森の奥深くまで行った。
Cercava il richiamo, abbaiando piano o bruscamente mentre camminava.
彼は呼び声を探しながら、歩きながら小さく、あるいは鋭く吠えた。
Annusò il muschio e il terreno nero dove cresceva l'erba.
彼は草が生えている苔や黒い土を嗅ぎました。
Sbuffò di piacere sentendo i ricchi odori della terra profonda.
彼は深い土の豊かな香りに大喜びで鼻を鳴らした。
Rimase accovacciato per ore dietro i tronchi ricoperti di funghi.
彼は菌類に覆われた幹の後ろに何時間もしゃがんでいた。
Rimase immobile, ascoltando con gli occhi sgranati ogni minimo rumore.
彼はじっとしたまま、目を大きく開いてあらゆる小さな音に耳を傾けていた。
Forse sperava di sorprendere la cosa che aveva emesso la chiamata.
彼は電話をかけてきたものを驚かせたいと思ったのかもしれない。
Non sapeva perché si comportava in quel modo: lo faceva e basta.
彼はなぜこのような行動をとったのか知らなかったが、ただそうしただけだった。
Questi impulsi provenivano dal profondo, al di là del pensiero o della ragione.
その衝動は思考や理性を超えて、心の奥底から湧き上がってきたのです。

Buck fu colto da impulsi irresistibili, senza preavviso o motivo.
警告も理由もなく、抑えられない衝動がバックを襲った。
A volte sonnecchiava pigramente nell'accampamento, sotto il caldo di mezzogiorno.
彼は時々、真昼の暑さの中、キャンプで怠惰にうとうとしていた。
All'improvviso sollevò la testa e le sue orecchie si drizzarono in allerta.
突然、彼は頭を上げ、耳を警戒した。
Poi balzò in piedi e si lanciò nella natura selvaggia senza fermarsi.
それから彼は跳び上がり、立ち止まることなく荒野へと駆け出した。
Corse per ore attraverso sentieri forestali e spazi aperti.
彼は森の小道や広場を何時間も走り続けた。
Amava seguire i letti asciutti dei torrenti e spiare gli uccelli sugli alberi.
彼は乾いた小川の川床を歩き回ったり、木々にとまる鳥を観察するのが大好きでした。
Poteva restare nascosto tutto il giorno, osservando le pernici che si pavoneggiavano in giro.
彼は一日中隠れて、ヤマウズラが歩き回るのを眺めていた。
Suonavano i tamburi e marciavano, ignari della presenza immobile di Buck.
彼らはバックがまだそこにいることに気づかず、太鼓を鳴らしながら行進した。
Ma ciò che amava di più era correre al crepuscolo estivo.
しかし、彼が最も好きだったのは、夏の夕暮れ時に走ることだった。
La luce fioca e i suoni assonnati della foresta lo riempivano di gioia.
薄暗い光と眠たげな森の音が彼を喜びで満たした。

Leggeva i cartelli della foresta con la stessa chiarezza con cui un uomo legge un libro.
彼は人が本を読むのと同じくらいはっきりと森の標識を読み取った。
E cercava sempre la strana cosa che lo chiamava.
そして彼は、自分を呼ぶ奇妙なものを常に探していた。
Quella chiamata non si è mai fermata: lo raggiungeva sia da sveglio che nel sonno.
その呼びかけは決して止むことはなく、目覚めているときも眠っているときも彼に届きました。

Una notte si svegliò di soprassalto, con gli occhi acuti e le orecchie tese.
ある夜、彼はハッと目を覚まし、目を鋭くし、耳を高く上げました。
Le sue narici si contrassero mentre la sua criniera si rizzava in onde.
たてがみが波打つように逆立ち、鼻孔がぴくぴく動いた。
Dal profondo della foresta giunse di nuovo quel suono, il vecchio richiamo.
森の奥深くから、また古い呼び声が聞こえてきた。
Questa volta il suono risuonò chiaro, un ululato lungo, inquietante e familiare.
今度はその音がはっきりと響いた。長く、忘れられない、聞き慣れた遠吠えだった。
Era come il verso di un husky, ma dal tono strano e selvaggio.
それはハスキーの鳴き声のようでしたが、奇妙で野性的な音色でした。
Buck riconobbe subito quel suono: lo aveva già sentito molto tempo prima.
バックはその音をすぐに理解した。ずっと前にまったく同じ音を聞いたことがあるのだ。
Attraversò con un balzo l'accampamento e scomparve rapidamente nel bosco.

彼はキャンプを飛び越えて森の中へ素早く姿を消した。
Avvicinandosi al suono, rallentò e si mosse con cautela.
音が聞こえる方向に近づくと、彼は速度を落とし、慎重に動いた。
Presto raggiunse una radura tra fitti pini.
やがて彼は松の木々が生い茂る空き地に到着した。
Lì, ritto sulle zampe posteriori, sedeva un lupo grigio alto e magro.
そこには、背が高くて痩せたタイリクオオカミが、お尻を上げて座っていました。
Il naso del lupo puntava verso il cielo, continuando a riecheggiare il richiamo.
狼の鼻は空を向いて、まだ呼び声を反響させていた。
Buck non aveva emesso alcun suono, eppure il lupo si fermò e ascoltò.
雄鹿は音を立てなかったが、オオカミは立ち止まって耳を澄ませた。
Percependo qualcosa, il lupo si irrigidì e scrutò l'oscurità.
何かを感じて、狼は緊張し、暗闇の中を探し始めた。
Buck si fece avanti furtivamente, con il corpo basso e i piedi ben appoggiati al terreno.
雄鹿は体を低くし、足を地面に静かにつけたまま、こっそりと視界に入ってきた。
La sua coda era dritta e il suo corpo era teso e teso.
彼の尻尾はまっすぐで、体は緊張で固く縮こまっていた。
Manifestava sia un atteggiamento minaccioso che una sorta di rude amicizia.
彼は脅迫と一種の荒っぽい友情の両方を示した。
Era il saluto cauto tipico delle bestie selvatiche.
それは野生の獣たちが交わす警戒心の強い挨拶だった。
Ma il lupo si voltò e fuggì non appena vide Buck.
しかし、オオカミはバックを見るとすぐに向きを変えて逃げてしまいました。
Buck si lanciò all'inseguimento, saltando selvaggiamente, desideroso di raggiungerlo.

雄鹿は追いかけ、激しく跳躍し、追いかけようとした。
Seguì il lupo in un ruscello secco bloccato da un ingorgo di tronchi.
彼はオオカミを追って、木材の詰まりで塞がれた乾いた小川へと入った。
Messo alle strette, il lupo si voltò e rimase fermo.
追い詰められた狼はくるりと向きを変え、その場に立ち尽くした。
Il lupo ringhiò e schioccò i denti come un husky intrappolato in una rissa.
狼は、戦いで捕らえられたハスキー犬のように唸り声をあげ、噛みついた。
I denti del lupo schioccarono rapidamente e il suo corpo si irrigidì per la furia selvaggia.
狼の歯がカチカチと音を立て、その体は激しい怒りで逆立った。
Buck non attaccò, ma girò intorno al lupo con attenta cordialità.
雄鹿は攻撃はせず、慎重に友好的にオオカミの周りを回った。
Cercò di bloccargli la fuga con movimenti lenti e innocui.
彼はゆっくりとした無害な動きで逃走を阻止しようとした。
Il lupo era cauto e spaventato: Buck lo superava di peso tre volte.
オオカミは警戒して怖がっていました。バックの体重はオオカミの3倍もあったからです。
La testa del lupo arrivava a malapena all'altezza della spalla massiccia di Buck.
狼の頭はかろうじてバックの大きな肩に届いた。
Il lupo, attento a individuare un varco, si lanciò e l'inseguimento ricominciò.
隙を狙ってオオカミは逃げ出し、追跡が再び始まった。
Buck lo mise alle strette più volte e la danza si ripeté.
バックは何度か彼を追い詰め、ダンスを繰り返した。

Il lupo era magro e debole, altrimenti Buck non avrebbe potuto catturarlo.
オオカミは痩せて弱かったので、バックが捕まえることはできなかったでしょう。
Ogni volta che Buck si avvicinava, il lupo si girava di scatto e lo affrontava spaventato.
バックが近づくたびに、オオカミは回転して恐怖に怯えながら彼の方を向いた。
Poi, alla prima occasione, si precipitò di nuovo nel bosco.
そして、最初のチャンスを逃さず、彼は再び森の中へ駆け出した。
Ma Buck non si arrese e alla fine il lupo imparò a fidarsi di lui.
しかしバックは諦めず、ついにオオカミは彼を信頼するようになりました。
Annusò il naso di Buck e i due diventarono giocosi e attenti.
彼はバックの鼻を嗅ぎ、二人は遊び心と警戒心を持つようになった。
Giocavano come animali selvaggi, feroci ma timidi nella loro gioia.
彼らは喜びの中にも勇ましさ、恥ずかしさを感じながら、野生動物のように遊んでいました。
Dopo un po' il lupo trotterellò via con calma e decisione.
しばらくして、オオカミは落ち着いた様子で小走りに去っていきました。
Dimostrò chiaramente a Buck che intendeva essere seguito.
彼は明らかにバックに、尾行されるつもりである事を示した。
Correvano fianco a fianco nel buio della sera.
彼らは夕暮れの薄暗い中を並んで走った。
Seguirono il letto del torrente fino alla gola rocciosa.
彼らは小川の流れに沿って岩だらけの峡谷まで登っていった。
Attraversarono un freddo spartiacque nel punto in cui aveva avuto origine il fiume.
彼らは川が流れ始めた冷たい分水嶺を越えた。

Sul pendio più lontano trovarono un'ampia foresta e molti corsi d'acqua.
向こうの斜面には広い森とたくさんの小川がありました。
Corsero per ore senza fermarsi attraverso quella terra immensa.
彼らはこの広大な土地を何時間も止まることなく走り続けた。
Il sole saliva sempre più alto, l'aria si faceva calda, ma loro continuavano a correre.
太陽は高く昇り、空気は暖かくなったが、彼らは走り続けた。
Buck era pieno di gioia: sapeva di aver risposto alla sua chiamata.
バックは喜びに満たされた。彼は自分の使命に応えているのだと悟ったのだ。
Corse accanto al fratello della foresta, più vicino alla fonte della chiamata.
彼は森の兄弟の横を走り、その声の源に近づいた。
I vecchi sentimenti ritornano, potenti e difficili da ignorare.
昔の感情が戻ってきました。それは強力で無視できないものでした。
Queste erano le verità nascoste nei ricordi dei suoi sogni.
これらは彼の夢の記憶の背後にある真実だった。
Tutto questo lo aveva già fatto in un mondo lontano e oscuro.
彼はこれまでにも、遠く離れた暗い世界でこのすべてをやってきた。
Questa volta lo fece di nuovo, scatenandosi con il cielo aperto sopra di lui.
今、彼は再びこれを実行し、頭上の広い空に向かって暴れ回った。
Si fermarono presso un ruscello per bere l'acqua fredda che scorreva.
彼らは小川のそばに立ち止まり、冷たい流れ水を飲みました。

Mentre beveva, Buck si ricordò improvvisamente di John Thornton.
酒を飲みながら、バックは突然ジョン・ソーントンのことを思い出した。
Si sedette in silenzio, lacerato dal sentimento di lealtà e dalla chiamata.
彼は忠誠心と使命感に引き裂かれながら、黙って座っていた。
Il lupo continuò a trottare, ma tornò indietro per incitare Buck ad andare avanti.
オオカミは小走りで進みましたが、戻ってきてバックを促しました。
Gli annusò il naso e cercò di convincerlo con gesti gentili.
彼は鼻をすすりながら、優しい仕草で彼をなだめようとした。
Ma Buck si voltò e riprese a tornare indietro per la strada da cui era venuto.
しかしバックは向きを変えて来た道を戻り始めた。
Il lupo gli corse accanto per molto tempo, guaindo piano.
狼は静かに鳴きながら、長い間彼のそばを走り続けました。
Poi si sedette, alzò il naso ed emise un lungo ululato.
それから彼は座り、鼻を上げて、長い遠吠えをしました。
Era un grido lugubre, che si addolcì mentre Buck si allontanava.
それは悲しげな叫びだったが、バックが立ち去ると声は小さくなっていった。
Buck ascoltò mentre il suono del grido svaniva lentamente nel silenzio della foresta.
バックは、叫び声が森の静寂の中にゆっくりと消えていくのを聞いていた。
John Thornton stava cenando quando Buck irruppe nell'accampamento.
ジョン・ソーントンが夕食を食べていると、バックがキャンプに飛び込んできた。

Buck gli saltò addosso selvaggiamente, leccandolo, mordendolo e facendolo rotolare.
バックは激しく彼に飛びかかり、舐めたり、噛んだり、転がしたりした。
Lo fece cadere, gli saltò sopra e gli baciò il viso.
彼は彼を倒し、上に登り、彼の顔にキスをした。
Thornton lo definì con affetto "fare il buffone".
ソーントンはこれを愛情を込めて「大将の愚か者を演じる」と呼んだ。
Nel frattempo, imprecava dolcemente contro Buck e lo scuoteva avanti e indietro.
その間ずっと、彼はバックを優しく罵りながら、彼を前後に揺さぶり続けた。
Per due interi giorni e due notti, Buck non lasciò l'accampamento nemmeno una volta.
丸二日二晩、バックは一度もキャンプを離れなかった。
Si teneva vicino a Thornton e non lo perdeva mai di vista.
彼はソーントンのすぐそばにいて、決して彼から目を離さなかった。
Lo seguiva mentre lavorava e lo osservava mentre mangiava.
彼は彼が仕事をしている間、後をついて歩き、彼が食事をしている間、見守っていた。
Di notte vedeva Thornton avvolto nelle sue coperte e ogni mattina lo vedeva uscire.
彼はソーントンが夜になると毛布にくるまり、毎朝毛布から出てくるのを見ていた。
Ma presto il richiamo della foresta ritornò, più forte che mai.
しかし、すぐに森の呼び声が、以前よりも大きな声で戻ってきました。
Buck si sentì di nuovo irrequieto, agitato dal pensiero del lupo selvatico.
バックは野生の狼のことを考えて再び落ち着かなくなった。
Ricordava la terra aperta e le corse fianco a fianco.
彼は広い土地と並んで走っていたことを思い出した。
Ricominciò a vagare nella foresta, solo e vigile.

彼は再び、一人で用心深く森の中を歩き始めた。
Ma il fratello selvaggio non tornò e l'ululato non fu udito.
しかし、野生の兄弟は戻ってこなかったし、遠吠えも聞こえなかった。
Buck cominciò a dormire all'aperto, restando lontano anche per giorni interi.
バックは一度に何日も離れて外で寝るようになりました。
Una volta attraversò l'alto spartiacque dove aveva origine il torrente.
かつて彼は小川が始まる高い分水嶺を越えた。
Entrò nella terra degli alberi scuri e dei grandi corsi d'acqua.
彼は暗い森と広く流れる小川の土地に入った。
Vagò per una settimana alla ricerca di tracce del fratello selvaggio.
彼は一週間、野生の兄弟の痕跡を探して歩き回った。
Uccideva la propria carne e viaggiava a passi lunghi e instancabili.
彼は自分で肉を殺し、疲れることなく長い歩幅で旅を続けた。
Pescò salmoni in un ampio fiume che arrivava fino al mare.
彼は海に通じる広い川で鮭を釣った。
Lì lottò e uccise un orso nero reso pazzo dagli insetti.
そこで彼は虫に狂ったアメリカグマと闘って殺した。
L'orso stava pescando e corse alla cieca tra gli alberi.
クマは魚釣りをしていて、木々の間を盲目的に走り回っていました。
La battaglia fu feroce e risvegliò il profondo spirito combattivo di Buck.
戦いは激しいものとなり、バックの根深い闘志が目覚めた。
Due giorni dopo, Buck tornò e trovò dei ghiottoni nei pressi della sua preda.
2日後、バックは獲物を捕らえて戻ってきたが、そこにはクズリがいた。

Una dozzina di loro litigarono furiosamente e rumorosamente per la carne.
彼らのうちの12人が、肉をめぐって騒々しく口論した。
Buck caricò e li disperse come foglie al vento.
バックは突撃し、彼らを風に舞う木の葉のように散らばらせた。
Due lupi rimasero indietro: silenziosi, senza vita e immobili per sempre.
2匹のオオカミが後ろに残りました。沈黙し、生気もなく、永遠に動かずにいました。
La sete di sangue divenne più forte che mai.
血への渇望はこれまで以上に強くなった。
Buck era un cacciatore, un assassino, che si nutriva di creature viventi.
バックはハンターであり、殺人者であり、生き物を食べて生きていました。
Sopravvisse da solo, affidandosi alla sua forza e ai suoi sensi acuti.
彼は自分の力と鋭い感覚を頼りに、一人で生き延びた。
Prosperava nella natura selvaggia, dove solo i più forti potevano sopravvivere.
彼は、最もタフな者だけが生きられる野生の中で繁栄した。
Da ciò nacque un grande orgoglio che riempì tutto l'essere di Buck.
このことから、大きな誇りが湧き上がり、バックの全身を満たした。
Il suo orgoglio traspariva da ogni passo, dal fremito di ogni muscolo.
彼の誇りは、一歩一歩、筋肉の動き一つ一つに表れていた。
Il suo orgoglio era evidente, come si vedeva dal suo comportamento.
彼の態度を見れば、彼の誇りが言葉ではっきりと伝わってきた。

Persino il suo spesso mantello appariva più maestoso e splendeva di più.
彼の厚い毛皮もより威厳を増し、より明るく輝いて見えました。
Buck avrebbe potuto essere scambiato per un lupo grigio gigante.
バックは巨大なタイリクオオカミと間違われる可能性もあった。
A parte il marrone sul muso e le macchie sopra gli occhi.
鼻先の茶色と目の上の斑点を除いて。
E la striscia bianca di pelo che gli correva lungo il centro del petto.
そして、胸の真ん中に走る白い毛の筋。
Era addirittura più grande del più grande lupo di quella feroce razza.
彼は、その獰猛な種族の最大のオオカミよりもさらに大きかった。
Suo padre, un San Bernardo, gli ha trasmesso la stazza e la corporatura robusta.
彼の父親はセント・バーナード犬で、彼は体格が大きく、がっしりとした体格でした。
Sua madre, una pastorella, plasmò quella mole conferendole la forma di un lupo.
羊飼いであった彼の母親は、その巨体を狼のような形に整えました。
Aveva il muso lungo di un lupo, anche se più pesante e largo.
彼はオオカミのような長い鼻先を持っていたが、オオカミよりも重く、幅広だった。
La sua testa era quella di un lupo, ma di dimensioni enormi e maestose.
彼の頭は狼の頭だったが、巨大で荘厳なスケールの上に造られていた。
L'astuzia di Buck era l'astuzia del lupo e della natura selvaggia.

バックの狡猾さはオオカミと野生の狡猾さと同じだった。

La sua intelligenza gli venne sia dal Pastore Tedesco che dal San Bernardo.

彼の知性はジャーマン・シェパードとセント・バーナードの両方から受け継がれました。

Tutto ciò, unito alla dura esperienza, lo rese una creatura temibile.

これらすべてと厳しい経験が彼を恐ろしい生き物にしたのです。

Era formidabile quanto qualsiasi animale che vagasse nelle terre selvagge del nord.

彼は北の荒野をさまようどんな獣にも劣らず恐ろしい存在だった。

Nutrendosi solo di carne, Buck raggiunse l'apice della sua forza.

肉だけを食べて生きたバックは、その強さの頂点に達した。

Trasudava potenza e forza maschile in ogni fibra del suo corpo.

彼は全身から力と男性的な力があふれていた。

Quando Thornton gli accarezzò la schiena, i peli brillarono di energia.

ソーントンが背中を撫でると、毛がエネルギーに満ちて火花を散らした。

Ogni capello scricchiolava, carico del tocco di un magnetismo vivente.

髪の毛の一本一本が、生きた磁力の感触を帯びてパチパチと音を立てた。

Il suo corpo e il suo cervello erano sintonizzati sulla tonalità più fine possibile.

彼の体と脳は可能な限り最高の調子に調整されていました。

Ogni nervo, ogni fibra e ogni muscolo lavoravano in perfetta armonia.

すべての神経、繊維、筋肉が完璧な調和で機能しました。

A qualsiasi suono o visione che richiedesse un intervento, rispondeva immediatamente.
行動を必要とするあらゆる音や光景に対して、彼は即座に反応しました。

Se un husky saltava per attaccare, Buck poteva saltare due volte più velocemente.
ハスキー犬が攻撃するために飛びかかると、バックは2倍の速さで飛びかかることができます。

Reagì più rapidamente di quanto gli altri potessero vedere o sentire.
彼は他の人が見たり聞いたりするよりも早く反応した。

Percezione, decisione e azione avvennero tutte in un unico, fluido istante.
認識、決断、行動のすべてが流れるような瞬間に起こりました。

In realtà si tratta di atti separati, ma troppo rapidi per essere notati.
実際には、これらの行為は別々でしたが、あまりにも速すぎて気づかなかったのです。

Gli intervalli tra questi atti erano così brevi che sembravano uno solo.
これらの行為の間の間隔は非常に短かったので、それらは一つの行為のように見えました。

I suoi muscoli e il suo essere erano come molle strettamente avvolte.
彼の筋肉と体格は、きつく巻かれたバネのようでした。

Il suo corpo traboccava di vita, selvaggia e gioiosa nella sua potenza.
彼の体は生命力に満ち溢れ、その力は野性的で喜びに満ちていた。

A volte aveva la sensazione che la forza stesse per esplodere completamente dentro di lui.
時々、彼はその力が完全に自分から噴き出してしまうように感じた。

"Non c'è mai stato un cane simile", disse Thornton un giorno tranquillo.
「こんな犬は今までいなかったよ」とソーントンは静かなある日に言った。
I soci osservarono Buck uscire fiero dall'accampamento.
パートナーたちはバックがキャンプから誇らしげに歩いてくるのを見守った。
"Quando è stato creato, ha cambiato il modo in cui un cane può essere", ha detto Pete.
「彼が生まれたとき、犬の可能性は大きく変わりました」とピートさんは語った。
"Per Dio! Lo penso anch'io", concordò subito Hans.
「イエスに誓って！私もそう思います」ハンスはすぐに同意しました。
Lo videro allontanarsi, ma non il cambiamento che avvenne dopo.
彼らは彼が行進するのを見たが、その後に起こる変化は見なかった。
Non appena entrò nel bosco, Buck si trasformò completamente.
森に入るとすぐに、バックは完全に変身しました。
Non marciava più, ma si muoveva come uno spettro selvaggio tra gli alberi.
彼はもう行進せず、木々の間を野生の幽霊のように動いた。
Divenne silenzioso, come un gatto, un bagliore che attraversava le ombre.
彼は黙り、猫足になり、影の中をちらちらと通り過ぎるようになった。
Usava la copertura con abilità, strisciando sulla pancia come un serpente.
彼は蛇のように腹ばいで這い、巧みに身を隠した。
E come un serpente, sapeva balzare in avanti e colpire in silenzio.
そして蛇のように、静かに前に飛び出し攻撃することができた。

Potrebbe rubare una pernice bianca direttamente dal suo nido nascosto.
彼はライチョウを隠れた巣から直接盗むこともできる。
Uccideva i conigli addormentati senza emettere alcun suono.
彼は音も立てずに眠っているウサギを殺した。
Riusciva a catturare gli scoiattoli a mezz'aria anche se fuggivano troppo lentamente.
彼は、逃げるのが遅すぎるシマリスを空中で捕まえることができました。
Nemmeno i pesci nelle pozze riuscivano a sfuggire ai suoi attacchi improvvisi.
池の中の魚さえも彼の突然の攻撃から逃れることはできなかった。
Nemmeno i furbi castori impegnati a riparare le dighe erano al sicuro da lui.
ダムを建設する賢いビーバーでさえ彼から逃れることはできませんでした。
Uccideva per nutrirsi, non per divertirsi, ma preferiva uccidere le proprie vittime.
彼は楽しみのためではなく、食べるために殺したが、自分が殺すのが一番好きだった。
Eppure, un umorismo subdolo permeava alcune delle sue cacce silenziose.
それでも、彼の静かな狩りの中には、狡猾なユーモアが流れていた。
Si avvicinò furtivamente agli scoiattoli, solo per lasciarli scappare.
彼はリスに忍び寄ったが、結局逃げられてしまった。
Stavano per fuggire tra gli alberi, chiacchierando con rabbia e paura.
彼らは、恐怖と怒りに震えながら、木々に向かって逃げようとしていました。
Con l'arrivo dell'autunno, le alci cominciarono ad apparire in numero maggiore.
秋になると、ヘラジカの出現数が増え始めました。

Si spostarono lentamente verso le basse valli per affrontare l'inverno.
彼らは冬を迎えるためにゆっくりと低い谷間へと移動した。
Buck aveva già abbattuto un giovane vitello randagio.
バックはすでに、迷い子牛を一頭仕留めていた。
Ma lui desiderava ardentemente affrontare prede più grandi e pericolose.
しかし彼は、もっと大きくて危険な獲物に立ち向かうことを切望していた。
Un giorno, sul crinale, alla sorgente del torrente, trovò la sua occasione.
ある日、分水嶺の小川の源流で、彼はチャンスを見つけた。
Una mandria di venti alci era giunta da terre boscose.
20頭のヘラジカの群れが森林地帯から渡ってきた。
Tra loro c'era un possente toro, il capo del gruppo.
彼らの中には、群れのリーダーである力強い雄牛がいました。
Il toro era alto più di due metri e mezzo e appariva feroce e selvaggio.
その雄牛は身長が6フィート以上あり、獰猛で野性的に見える。
Lanciò le sue grandi corna, le cui quattordici punte si diramavano verso l'esterno.
彼は14本の先端が外側に枝分かれした幅広い角を投げた。
Le punte di quelle corna si estendevano per due metri.
その角の先端は幅7フィートに伸びていました。
I suoi piccoli occhi ardevano di rabbia quando vide Buck lì vicino.
近くにバックがいるのを見つけると、彼の小さな目は怒りで燃え上がった。
Emise un ruggito furioso, tremando di rabbia e dolore.
彼は怒りと苦痛に震えながら、激しい叫び声を上げた。

Vicino al suo fianco spuntava la punta di una freccia, appuntita e piumata.
彼の脇腹近くには、羽根の生えた鋭い矢尻が突き出ていた。
Questa ferita contribuì a spiegare il suo umore selvaggio e amareggiato.
この傷は彼の残忍で苦々しい気分を説明するのに役立った。
Buck, guidato dall'antico istinto di caccia, fece la sua mossa.
バックは、古代の狩猟本能に導かれて行動を起こした。
Il suo obiettivo era separare il toro dal resto della mandria.
彼は雄牛を群れの残りから分離することを目指した。
Non era un compito facile: richiedeva velocità e una grande astuzia.
これは決して簡単な仕事ではありませんでした。スピードと鋭い狡猾さが必要でした。
Abbaiava e danzava vicino al toro, appena fuori dalla sua portata.
彼は雄牛の射程範囲外で、雄牛の近くで吠えて踊りました。
L'alce si lanciò con enormi zoccoli e corna mortali.
ヘラジカは巨大なひずめと致命的な角で突進してきました。
Un colpo avrebbe potuto porre fine alla vita di Buck in un batter d'occhio.
一撃でバックの命は一瞬で終わっていたかもしれない。
Incapace di abbandonare la minaccia, il toro si infuriò.
脅威から逃れられず、雄牛は激怒した。
Lui caricava con furia, ma Buck riusciva sempre a sfuggirgli.
彼は激怒して突進したが、バックはいつも逃げ去った。
Buck finse di essere debole, allontanandosi ulteriormente dalla mandria.
バックは弱さを装い、彼を群れから遠ざけようと誘い出しました。
Ma i giovani tori sarebbero tornati alla carica per proteggere il capo.

しかし若い雄牛たちはリーダーを守るために突撃しようとしていた。
Costrinsero Buck a ritirarsi e il toro a ricongiungersi al gruppo.
彼らはバックを退却させ、雄牛を群れに復帰させた。
C'è una pazienza nella natura selvaggia, profonda e inarrestabile.
野生には、深くて止めることのできない忍耐力がある。
Un ragno resta immobile nella sua tela per innumerevoli ore.
蜘蛛は巣の中で何時間も動かずに待ちます。
Un serpente si avvolge su se stesso senza contrarsi e aspetta il momento giusto.
蛇はぴくぴくせずにとぐろを巻いて、時が来るまで待ちます。
Una pantera è in agguato, finché non arriva il momento.
パンサーは、その時が来るまで待ち伏せしています。
Questa è la pazienza dei predatori che cacciano per sopravvivere.
これは生き残るために狩りをする捕食者の忍耐力です。
La stessa pazienza ardeva dentro Buck mentre gli restava accanto.
バックが近くにいる間、同じ忍耐が彼の心の中で燃え上がった。
Rimase vicino alla mandria, rallentandone la marcia e incutendo timore.
彼は群れの近くに留まり、群れの行進を遅らせ、恐怖をかき立てた。
Provocava i giovani tori e molestava le mucche madri.
彼は若い雄牛をいじめ、母牛を困らせた。
Spinse il toro ferito in una rabbia ancora più profonda e impotente.
彼は傷ついた雄牛をさらに深い、無力な怒りに追い込んだ。
Per mezza giornata il combattimento si trascinò senza alcuna tregua.
戦いは半日の間、休むことなく続いた。

Buck attaccò da ogni angolazione, veloce e feroce come il vento.
バックは風のように速く激しく、あらゆる角度から攻撃しました。
Impedì al toro di riposare o di nascondersi con la mandria.
彼は雄牛が群れと一緒に休んだり隠れたりしないようにした。
Buck logorò la volontà dell'alce più velocemente del suo corpo.
雄鹿はヘラジカの体よりも早くその意志を弱らせた。
Il giorno passò e il sole tramontò basso nel cielo a nord-ovest.
日が暮れて、太陽は北西の空に沈んでいった。
I giovani tori tornarono più lentamente per aiutare il loro capo.
若い雄牛たちはリーダーを助けるためにゆっくりと戻ってきました。
Erano tornate le notti autunnali e il buio durava ormai sei ore.
秋の夜が戻ってきて、暗闇が6時間続きました。
L'inverno li spingeva verso valli più sicure e calde.
冬は彼らをより安全で暖かい谷へと追いやっていた。
Ma non riuscirono comunque a sfuggire al cacciatore che li tratteneva.
しかし、それでも彼らは彼らを阻止していたハンターから逃げることはできませんでした。
Era in gioco solo una vita: non quella del branco, ma quella del loro capo.
危険にさらされているのは、群れの命ではなく、リーダーの命だけだった。
Ciò rendeva la minaccia lontana e non una loro preoccupazione urgente.
これにより、脅威は遠いものとなり、彼らにとって差し迫った懸念ではなくなった。
Col tempo accettarono questo prezzo e lasciarono che Buck prendesse il vecchio toro.

やがて彼らはこの代償を受け入れ、バックに老雄牛を連れて行くことを許可した。

Mentre calava il crepuscolo, il vecchio toro rimase in piedi con la testa bassa.
夕暮れが訪れると、年老いた雄牛は頭を下げて立っていた。

Guardò la mandria che aveva guidato svanire nella luce morente.
彼は自分が率いていた群れが薄れゆく光の中に消えていくのを見守った。

C'erano mucche che aveva conosciuto, vitelli che un tempo aveva generato.
そこには彼が知っていた牛たち、かつて彼が父親にした子牛たちもいた。

C'erano tori più giovani con cui aveva combattuto e che aveva dominato nelle stagioni passate.
過去のシーズンでは、彼が闘い、勝利した若い雄牛たちもいた。

Non poteva seguirli, perché davanti a lui era di nuovo accovacciato Buck.
彼は彼らについていくことができなかった。なぜなら彼の前にバックが再びうずくまっていたからだ。

Il terrore spietato e zannuto gli bloccava ogni via che potesse percorrere.
容赦ない牙を持った恐怖が、彼が進むべき道をすべて塞いだ。

Il toro pesava più di trecento chili di potenza densa.
その雄牛は三百ポンド以上の重さがあり、濃厚な力を持っていた。

Aveva vissuto a lungo e lottato duramente in un mondo di difficoltà.
彼は長く生き、闘争の世界で懸命に戦った。

Eppure, alla fine, la morte gli venne commessa da una bestia molto più bassa di lui.
しかし今、最後には、彼のはるか下にいる獣から死がもたらされた。

La testa di Buck non arrivò nemmeno alle enormi ginocchia noccate del toro.
バックの頭は雄牛の巨大な関節のある膝まで届きませんでした。
Da quel momento in poi, Buck rimase con il toro notte e giorno.
その瞬間から、バックは昼も夜も雄牛と一緒にいた。
Non gli dava mai tregua, non gli permetteva mai di brucare o bere.
彼は決して彼に休息を与えず、草を食べたり水を飲むことも許さなかった。
Il toro cercò di mangiare giovani germogli di betulla e foglie di salice.
雄牛は若い白樺の芽と柳の葉を食べようとしました。
Ma Buck lo scacciò, sempre all'erta e sempre all'attacco.
しかしバックは常に警戒し、攻撃しながら彼を追い払いました。
Anche nei torrenti che scorrevano, Buck bloccava ogni assetato tentativo.
細流であっても、バックは喉が渇いた者のあらゆる試みを阻止した。
A volte, in preda alla disperazione, il toro fuggiva a tutta velocità.
時には、絶望のあまり、雄牛は全速力で逃げることもあった。
Buck lo lasciò correre, avanzando tranquillamente dietro di lui, senza mai allontanarsi troppo.
バックは彼を走らせ、決して遠く離れることなく、すぐ後ろを静かに走り続けた。
Quando l'alce si fermò, Buck si sdraiò, ma rimase pronto.
ヘラジカが立ち止まると、バックは横たわりましたが、準備は整っていました。
Se il toro provava a mangiare o a bere, Buck colpiva con tutta la sua furia.
雄牛が食べたり飲んだりしようとすると、雄牛は激怒して攻撃した。

La grande testa del toro si abbassava sotto le enormi corna.
雄牛の大きな頭は、その巨大な角の下に垂れ下がっていた。
Il suo passo rallentò, il trotto divenne pesante, un'andatura barcollante.
彼の歩調は遅くなり、小走りは重くなり、よろめきながら歩くようになった。
Spesso restava immobile con le orecchie abbassate e il naso rivolto verso il terreno.
彼はよく耳を垂らし、鼻を地面につけてじっと立っていました。
In quei momenti Buck si prese del tempo per bere e riposare.
その間、バックは水を飲んだり休んだりする時間を取った。
Con la lingua fuori e gli occhi fissi, Buck sentì che la terra stava cambiando.
舌を出し、目を凝らして、バックは土地が変化していることを感じ取った。
Sentì qualcosa di nuovo muoversi nella foresta e nel cielo.
彼は森と空を何か新しいものが動いているのを感じた。
Con il ritorno delle alci tornarono anche altre creature selvatiche.
ヘラジカが戻ってくると、他の野生の生き物たちも戻ってきました。
La terra sembrava viva di una presenza invisibile ma fortemente nota.
その土地は、目に見えないけれども、強く知られている存在で生き生きしているように感じました。
Buck non lo sapeva tramite l'udito, la vista o l'olfatto.
バックがそれを知ったのは、音でも視覚でも嗅覚でもなかった。
Un sentimento più profondo gli diceva che nuove forze erano in movimento.
より深い感覚が彼に、新たな勢力が動き出していると告げた。
Una strana vita si agitava nei boschi e lungo i corsi d'acqua.

森の中や小川沿いに奇妙な生命が動き回っていました。
Decise di esplorare questo spirito una volta completata la caccia.
彼は狩りが終わった後、この精霊を探索しようと決心した。
Il quarto giorno, Buck riuscì finalmente a catturare l'alce.
4日目に、バックはついにヘラジカを倒しました。
Rimase nei pressi della preda per un giorno e una notte interi, nutrendosi e riposandosi.
彼は獲物のそばに丸一日と一晩留まり、餌を食べたり休んだりした。
Mangiò, poi dormì, poi mangiò ancora, finché non fu forte e sazio.
彼は食べて、寝て、また食べて、満腹になって元気になるまで続けました。
Quando fu pronto, tornò indietro verso l'accampamento e Thornton.
準備が整うと、彼はキャンプとソーントンの方へ引き返した。
Con passo costante iniziò il lungo viaggio di ritorno verso casa.
彼は一定のペースで長い帰路に着いた。
Correva con la sua andatura instancabile, ora dopo ora, senza mai smarrirsi.
彼は疲れを知らない速歩で何時間も走り続け、一度も道に迷うことはなかった。
Attraverso terre sconosciute, si muoveva dritto come l'ago di una bussola.
未知の土地を、彼はコンパスの針のようにまっすぐに進んだ。
Il suo senso dell'orientamento faceva sembrare deboli, al confronto, l'uomo e la mappa.
それに比べると、彼の方向感覚は人間や地図よりも弱いように思えた。
Mentre Buck correva, sentiva sempre più forte l'agitazione nella terra selvaggia.

バックが走っていると、荒野のざわめきがさらに強く感じられるようになった。

Era un nuovo tipo di vita, diverso da quello dei tranquilli mesi estivi.
それは穏やかな夏の数ヶ月の生活とは異なる、新しい種類の生活でした。

Questa sensazione non giungeva più come un messaggio sottile o distante.
この気持ちはもはや微妙な、あるいは遠いメッセージとして伝わってきませんでした。

Ora gli uccelli parlavano di questa vita e gli scoiattoli chiacchieravano.
今、鳥たちはこの人生について語り、リスたちはそれについておしゃべりしていました。

Persino la brezza sussurrava avvertimenti tra gli alberi silenziosi.
静かな木々の間からそよ風が警告をささやきさえも伝えた。

Più volte si fermò ad annusare l'aria fresca del mattino.
彼は何度か立ち止まって、新鮮な朝の空気を吸い込んだ。

Lì lesse un messaggio che lo fece fare un balzo in avanti più velocemente.
彼はそこでメッセージを読み、さらに速く前進した。

Fu pervaso da un forte senso di pericolo, come se qualcosa fosse andato storto.
まるで何かが間違っていたかのように、彼は強い危険感に襲われた。

Temeva che la calamità stesse per arrivare, o che fosse già arrivata.
彼は災難が来ることを恐れた――あるいはすでに来てしまったのだ。

Superò l'ultima cresta ed entrò nella valle sottostante.
彼は最後の尾根を越えて下の谷に入った。

Si muoveva più lentamente, attento e cauto a ogni passo.
彼は一歩ごとに注意深く、慎重にゆっくりと動いた。

Dopo tre miglia trovò una pista fresca che lo fece irrigidire.
3マイルほど進んだところで、彼は新しい道を見つけ、体が固くなった。
I peli sul collo si rizzarono e si rizzarono in segno di allarme.
彼の首の毛は驚きで波立ち、逆立った。
Il sentiero portava dritto all'accampamento dove Thornton aspettava.
その道はソーントンが待つキャンプへとまっすぐ続いていた。
Buck ora si muoveva più velocemente, con passi silenziosi e rapidi.
バックはより速く動いた。その歩調は静かで素早かった。
I suoi nervi si irrigidirono mentre leggeva segnali che altri non avrebbero notato.
他の人が見逃しそうな兆候を読み取り、彼の神経は張り詰めた。
Ogni dettaglio del percorso raccontava una storia, tranne l'ultimo pezzo.
道のそれぞれの細部が物語を語っていたが、最後の部分だけはそうではなかった。
Il suo naso gli raccontò della vita che aveva trascorso lì.
彼の鼻は、この道を通ってきた人生について語っていた。
L'odore gli fornì un'immagine mutevole mentre lo seguiva da vicino.
彼がすぐ後ろをついていくと、匂いによって変化する光景が目に浮かびました。
Ma la foresta stessa era diventata silenziosa, innaturalmente immobile.
しかし、森そのものは不自然なほど静かになっていました。
Gli uccelli erano scomparsi, gli scoiattoli erano nascosti, silenziosi e immobili.
鳥は姿を消し、リスは隠れて、静かに動かなくなっていた。

Vide solo uno scoiattolo grigio, sdraiato su un albero morto.
彼は枯れ木の上に平らに寝ている灰色のリスを一匹だけ見た。
Lo scoiattolo si mimetizzava, rigido e immobile come una parte della foresta.
リスは森の一部のように硬直して動かず、溶け込んでいました。
Buck si muoveva come un'ombra, silenzioso e sicuro tra gli alberi.
バックは木々の間を静かに、そして確実に影のように動いた。
Il suo naso si mosse di lato come se fosse stato tirato da una mano invisibile.
彼の鼻は、まるで見えない手に引っ張られたかのように横に動いた。
Si voltò e seguì il nuovo odore nel profondo di un boschetto.
彼は向きを変え、新たな匂いを追って茂みの奥深くへと入った。
Lì trovò Nig, steso morto, trafitto da una freccia.
そこで彼は、矢に刺されて死んで横たわっているニグを発見した。
La freccia gli attraversò il corpo, lasciando ancora visibili le piume.
矢は彼の体を貫通したが、羽はまだ見えていた。
Nig si era trascinato fin lì, ma era morto prima di riuscire a raggiungere i soccorsi.
ニグさんはそこまで這って来たが、助けが来る前に亡くなった。
Cento metri più avanti, Buck trovò un altro cane da slitta.
さらに100ヤードほど進むと、バックはもう一匹のそり犬を見つけた。
Era un cane che Thornton aveva comprato a Dawson City.
それはソーントンがドーソン・シティで買った犬だった。
Il cane lottava con tutte le sue forze, dimenandosi violentemente sul sentiero.

犬は道の上で激しく暴れながら、必死にもがいていた。
Buck gli passò accanto senza fermarsi, con gli occhi fissi davanti a sé.
バックは立ち止まることなく、前を見つめながら彼の周りを通り過ぎた。
Dalla direzione dell'accampamento proveniva un canto lontano e ritmico.
キャンプの方向から遠くからリズミカルな詠唱が聞こえてきた。
Le voci si alzavano e si abbassavano con un tono strano, inquietante, cantilenante.
声は奇妙で不気味な、歌うような調子で上がったり下がったりした。
Buck strisciò in silenzio fino al limite della radura.
バックは黙って空き地の端まで這っていった。
Lì vide Hans disteso a faccia in giù, trafitto da numerose frecce.
そこで彼は、ハンスが多数の矢に刺されてうつ伏せになっているのを見ました。
Il suo corpo sembrava quello di un porcospino, irto di penne.
彼の体は、羽毛のついた毛が密生したヤマアラシのようだった。
Nello stesso momento, Buck guardò verso la capanna in rovina.
同時に、バックは廃墟となったロッジの方へ目を向けた。
Quella vista gli fece rizzare i capelli sul collo e sulle spalle.
その光景を見て、彼の首と肩の毛が逆立った。
Un'ondata di rabbia selvaggia travolse tutto il corpo di Buck.
激しい怒りの嵐がバックの全身を襲った。
Ringhiò forte, anche se non ne era consapevole.
彼は大声でうなったが、自分がそうしていたことには気づいていなかった。
Il suono era crudo, pieno di una furia terrificante e selvaggia.

その音は生々しく、恐ろしく野蛮な怒りに満ちていた。
Per l'ultima volta nella sua vita, Buck perse la ragione a causa delle emozioni.
バックは生涯で最後に、感情に理性を失った。
Fu l'amore per John Thornton a spezzare il suo attento controllo.
彼の慎重な制御を破ったのは、ジョン・ソーントンへの愛だった。
Gli Yeehats ballavano attorno alla baita in legno di abete rosso distrutta.
イェーハット族は破壊されたトウヒ材のロッジの周りで踊っていました。
Poi si udì un ruggito e una bestia sconosciuta si lanciò verso di loro.
すると、轟音が響き、正体不明の獣が彼らに向かって突進してきた。
Era Buck: una furia in movimento, una tempesta vivente di vendetta.
それはバックだった。動き出した激怒、生きた復讐の嵐だった。
Si gettò in mezzo a loro, folle di voglia di uccidere.
彼は殺人への欲求に狂い、彼らの真ん中に飛び込んだ。
Si lanciò contro il primo uomo, il capo Yeehat, e colpì nel segno.
彼は最初の男、イーハット族の族長に飛びかかり、真正面から攻撃した。
La sua gola era squarciata e il sangue schizzava a fiotti.
彼の喉は裂け、血が流れ出た。
Buck non si fermò, ma con un balzo squarciò la gola dell'uomo successivo.
バックは止まらず、一跳びで次の男の喉を引き裂いた。
Era inarrestabile: squarciava, tagliava, non si fermava mai a riposare.
彼は止められない存在だった。引き裂き、斬りつけ、決して休む暇もなかった。

Si lanciò e balzò così velocemente che le loro frecce non riuscirono a toccarlo.
彼は非常に速く突進し、跳躍したので、矢は彼に届かなかった。
Gli Yeehats erano in preda al panico e alla confusione.
イェーハット族はパニックと混乱に陥っていた。
Le loro frecce non colpirono Buck e si colpirono tra loro.
彼らの矢はバックを外れ、代わりに互いの矢に当たった。
Un giovane scagliò una lancia contro Buck e colpì un altro uomo.
一人の若者がバックに槍を投げ、別の男を襲った。
La lancia gli trapassò il petto e la punta gli trafisse la schiena.
槍は彼の胸を貫き、槍の先端は彼の背中を突き破った。
Il terrore travolse gli Yeehats, che si diedero alla ritirata.
恐怖がイーハット族を襲い、彼らは全面撤退を余儀なくされた。
Urlarono allo Spirito Maligno e fuggirono nelle ombre della foresta.
彼らは悪霊に叫びながら森の影の中へ逃げました。
Buck era davvero come un demone mentre inseguiva gli Yeehats.
本当に、バックはイーハットを追いかけるとき、まるで悪魔のようでした。
Li inseguì attraverso la foresta, abbattendoli come cervi.
彼は森の中を彼らを追いかけ、鹿のように倒した。
Divenne un giorno di destino e terrore per gli spaventati Yeehats.
怯えたイーハッツにとって、それは運命と恐怖の日となった。
Si dispersero sul territorio, fuggendo in ogni direzione.
彼らは国中に散らばり、四方八方遠くまで逃げていった。
Passò un'intera settimana prima che gli ultimi sopravvissuti si incontrassero in una valle.

最後の生存者が谷間で出会うまでに丸一週間が経過した。
Solo allora contarono le perdite e raccontarono quanto accaduto.
そのとき初めて、彼らは損失を計算し、何が起こったかを語りました。
Buck, stanco dell'inseguimento, ritornò all'accampamento in rovina.
バックは追跡に疲れて、破壊されたキャンプに戻った。
Trovò Pete, ancora avvolto nelle coperte, ucciso nel primo attacco.
彼は、最初の攻撃で殺されたピートがまだ毛布にくるまっていたのを発見した。
I segni dell'ultima lotta di Thornton erano visibili nella terra lì vicino.
近くの土にはソーントンの最後の闘いの跡が残っていた。
Buck seguì ogni traccia, annusando ogni segno fino al punto finale.
バックはあらゆる痕跡をたどり、それぞれの痕跡を嗅ぎながら最終地点に到達した。
Sul bordo di una profonda pozza trovò il fedele Skeet, immobile.
深い池の端で、彼は忠実なスキートがじっと横たわっているのを見つけた。
La testa e le zampe anteriori di Skeet erano nell'acqua, immobili nella morte.
スキートの頭と前足は水中にあり、死んで動かなかった。
La piscina era fangosa e contaminata dai liquidi di scarico delle chiuse.
プールは水門からの流出水で泥だらけになって汚れていた。
La sua superficie torbida nascondeva ciò che si trovava sotto, ma Buck conosceva la verità.

曇った表面の下に何があるのかは隠されていたが、バックは真実を知っていた。

Seguì l'odore di Thornton nella piscina, ma non lo portò da nessun'altra parte.
彼はソーントンの匂いをプールまで追跡したが、その匂いはどこにも通じていなかった。

Non c'era alcun odore che provenisse, solo il silenzio dell'acqua profonda.
外に通じる匂いはなく、ただ深い水の静寂だけが残っていた。

Buck rimase tutto il giorno vicino alla piscina, camminando avanti e indietro per l'accampamento, addolorato.
バックは一日中池の近くにいて、悲しみに暮れながらキャンプ場を歩き回っていた。

Vagava irrequieto o sedeva immobile, immerso nei suoi pensieri.
彼は落ち着きなく歩き回ったり、じっと座って深い考えにふけったりしていた。

Conosceva la morte, la fine della vita, la scomparsa di ogni movimento.
彼は死を知っていた。人生の終わりを知っていた。すべての動きが消え去ることも知っていた。

Capì che John Thornton se n'era andato e non sarebbe mai più tornato.
彼はジョン・ソーントンはもう戻ってこないことを理解した。

La perdita lasciò in lui un vuoto che pulsava come la fame.
その喪失は彼の中に飢えのように脈打つ空虚感を残した。

Ma questa era una fame che il cibo non riusciva a placare, non importava quanto ne mangiasse.
しかし、これは、どれだけ食べても和らぐことのない空腹感でした。

A volte, mentre guardava i cadaveri di Yeehats, il dolore si attenuava.

時折、死んだイーハットたちを見ていると、痛みは消えていった。
E poi dentro di lui nacque uno strano orgoglio, feroce e totale.
そして、彼の中に、激しく、完全な奇妙な誇りが湧き上がった。
Aveva ucciso l'uomo, la preda più alta e pericolosa di tutte.
彼は人間を殺した。それはあらゆるゲームの中で最も高尚で危険な行為だった。
Aveva ucciso in violazione dell'antica legge del bastone e della zanna.
彼は棍棒と牙を使った古代の法に反して殺人を犯した。
Buck annusò i loro corpi senza vita, curioso e pensieroso.
バックは好奇心と思慮深さをもって、彼らの死んだ体を嗅ぎました。
Erano morti così facilmente, molto più facilmente di un husky in combattimento.
彼らはとても簡単に死んだ。喧嘩中のハスキー犬よりもずっと簡単に。
Senza le armi non avrebbero avuto vera forza né avrebbero rappresentato una minaccia.
武器がなければ、彼らには真の力も脅威もなかった。
Buck non avrebbe più avuto paura di loro, a meno che non fossero stati armati.
彼らが武装していない限り、バックは彼らを二度と恐れるつもりはなかった。
Stava attento solo quando portavano clave, lance o frecce.
彼らが棍棒、槍、または矢を持っているときだけ、彼は警戒した。

Calò la notte e la luna piena spuntò alta sopra le cime degli alberi.
夜が来て、満月が木々の梢の上に高く昇りました。
La pallida luce della luna avvolgeva la terra in un tenue e spettrale chiarore, come se fosse giorno.

月の淡い光が、昼間のように柔らかく幽霊のような輝きで大地を照らしていた。
Mentre la notte avanzava, Buck continuava a piangere presso la pozza silenziosa.
夜が更けるにつれ、バックは静かな池のそばでまだ悲しみに暮れていた。
Poi si accorse di un diverso movimento nella foresta.
そのとき、彼は森の中で何かが異様に動いていることに気づいた。
L'agitazione non proveniva dagli Yeehats, ma da qualcosa di più antico e profondo.
その動揺はイーハット族からではなく、もっと古くてもっと深いところから来たものだった。
Si alzò in piedi, drizzò le orecchie e tastò con attenzione la brezza con il naso.
彼は立ち上がり、耳を上げ、鼻で風を注意深く確かめた。
Da lontano giunse un debole e acuto grido che squarciò il silenzio.
遠くからかすかに鋭い叫び声が聞こえ、静寂を破った。
Poi un coro di grida simili seguì subito dopo il primo.
それから、最初の叫び声のすぐ後に、同じような叫び声が次々と続いた。
Il suono si avvicinava sempre di più, diventando sempre più forte con il passare dei minuti.
その音は刻一刻と大きくなり、近づいてきた。
Buck conosceva quel grido: proveniva da quell'altro mondo nella sua memoria.
バックはこの叫びを知っていた——それは彼の記憶の中の別の世界から来たものだった。
Si recò al centro dello spazio aperto e ascoltò attentamente.
彼は広場の中央まで歩いていき、耳を澄ませた。
L'appello risuonò più forte che mai, più sentito e più potente che mai.
その呼びかけは多くの人に届き、これまで以上に力強く響き渡りました。

E ora, più che mai, Buck era pronto a rispondere alla sua chiamata.
そして今、これまで以上に、バックは彼の呼びかけに応える準備ができていた。
John Thornton era morto e in lui non era rimasto alcun legame con l'uomo.
ジョン・ソーントンは亡くなり、彼の中には人間との絆は残っていなかった。
L'uomo e tutte le pretese umane erano svaniti: era finalmente libero.
人間とすべての人間の権利は消え去り、ついに彼は自由になった。
Il branco di lupi era a caccia di carne, proprio come un tempo avevano fatto gli Yeehats.
オオカミの群れは、かつてイーハット族がやっていたように肉を追い求めていた。
Avevano seguito le alci mentre scendevano dalle terre boscose.
彼らは森林地帯からヘラジカを追って降りてきた。
Ora, selvaggi e affamati di prede, attraversarono la sua valle.
今、彼らは野生化し、獲物に飢え、彼の谷へと侵入した。
Giunsero nella radura illuminata dalla luna, scorrendo come acqua argentata.
彼らは、銀色の水のように流れながら、月明かりに照らされた空き地に入ってきた。
Buck rimase immobile al centro, in attesa.
バックは中央でじっと立ち、動かずに彼らを待っていた。
La sua presenza calma e imponente lasciò il branco senza parole, tanto da farlo restare per un breve periodo in silenzio.
彼の穏やかで大きな存在感は、群衆を驚かせ、しばしの沈黙をもたらした。
Allora il lupo più audace gli saltò addosso senza esitazione.

すると、最も大胆なオオカミがためらうことなくまっすぐに彼に飛びかかりました。
Buck colpì rapidamente e spezzò il collo del lupo con un solo colpo.
バックは素早く攻撃し、一撃でオオカミの首を折った。
Rimase di nuovo immobile mentre il lupo morente si contorceva dietro di lui.
死にゆく狼が背後で身をよじる中、彼は再び動かずに立っていた。
Altri tre lupi attaccarono rapidamente, uno dopo l'altro.
さらに3匹のオオカミが次々に素早く攻撃してきました。
Ognuno di loro si ritrasse sanguinante, con la gola o le spalle tagliate.
喉や肩を切り裂かれ、血を流しながら退却した。
Ciò fu sufficiente a scatenare una carica selvaggia da parte dell'intero branco.
それは群れ全体を狂暴に突撃させるには十分だった。
Si precipitarono tutti insieme, troppo impazienti e troppo ammassati per colpire bene.
彼らは一斉に突進したが、あまりに熱心で密集していたため、うまく攻撃することができなかった。
La velocità e l'abilità di Buck gli permisero di anticipare l'attacco.
バックのスピードと技術により、彼は攻撃を先取りすることができた。
Girò sulle zampe posteriori, schioccando i denti e colpendo in tutte le direzioni.
彼は後ろ足で回転し、あらゆる方向に音を立てて攻撃した。
Ai lupi sembrò che la sua difesa non si fosse mai aperta o avesse vacillato.
オオカミたちにとって、彼の守備は決して開いたり、弱まったりしなかったように思えた。
Si voltò e colpì così velocemente che non riuscirono a raggiungerlo alle spalle.

彼は向きを変えて素早く斬りつけたので、敵は彼の背後に回り込むことができなかった。

Ciononostante, il loro numero lo costrinse a cedere terreno e a ritirarsi.

それにもかかわらず、敵の数の多さから、彼は屈服し、後退せざるを得なかった。

Superò la piscina e scese nel letto roccioso del torrente.

彼は池を通り過ぎ、岩だらけの川底へと降りていった。

Lì si imbatté in un ripido pendio di ghiaia e terra.

そこで彼は砂利と土の急な土手にぶつかった。

Si è infilato in un angolo scavato durante i vecchi scavi dei minatori.

彼は、鉱夫たちが昔採掘していたときに切り開かれた角に滑り込んだ。

Ora, protetto su tre lati, Buck si trovava di fronte solo al lupo frontale.

今、バックは三方から守られ、前にいるオオカミとだけ対峙していた。

Lì rimase in attesa, pronto per la successiva ondata di assalto.

そこで彼は、次の攻撃の波に備えて、立ち止まっていた。

Buck mantenne la posizione con tanta ferocia che i lupi indietreggiarono.

バックは猛烈に抵抗したので、オオカミたちは後ずさりした。

Dopo mezz'ora erano sfiniti e visibilmente sconfitti.

30分後、彼らは疲れ果て、明らかに敗北していた。

Le loro lingue pendevano fuori e le loro zanne bianche brillavano alla luce della luna.

彼らの舌は突き出ており、白い牙は月の光に輝いていた。

Alcuni lupi si sdraiano, con la testa alzata e le orecchie dritte verso Buck.

何匹かのオオカミが頭を上げ、耳をバックのほうに向けて横たわっていた。

Altri rimasero immobili, attenti e osservarono ogni suo movimento.
他の人たちはじっと立って、警戒しながら彼の一挙手一投足を見守っていた。
Qualcuno si avvicinò alla piscina e bevve l'acqua fredda.
数人がプールまで歩いて行き、冷たい水を飲みました。
Poi un lupo grigio, lungo e magro, si fece avanti furtivamente, con passo gentile.
すると、一匹の細長い灰色のオオカミが、静かに前に進み出てきました。
Buck lo riconobbe: era il fratello selvaggio di prima.
バックは彼に気づいた――それは先ほどの荒々しい兄弟だった。
Il lupo grigio uggiolò dolcemente e Buck rispose con un guaito.
灰色のオオカミが小さく鳴くと、バックも鳴き返した。
Si toccarono il naso, silenziosamente, senza timore o minaccia.
彼らは静かに、脅したり恐れたりすることなく、鼻を合わせた。
Poi venne un lupo più anziano, scarno e segnato dalle numerose battaglie.
次にやってきたのは、多くの戦いでやつれ傷を負った年老いた狼だった。
Buck cominciò a ringhiare, ma si fermò e annusò il naso del vecchio lupo.
バックはうなり声を上げ始めたが、立ち止まって老いたオオカミの鼻を嗅いだ。
Il vecchio si sedette, alzò il naso e ululò alla luna.
老人は座り、鼻を上げて、月に向かって吠えました。
Il resto del branco si sedette e si unì al lungo ululato.
群れの残りも座り込み、長い遠吠えに加わった。
E ora la chiamata giunse a Buck, inequivocabile e forte.
そして今、その呼びかけは、紛れもなく力強い声でバックに届いた。
Si sedette, alzò la testa e ululò insieme agli altri.

彼は座り、頭を上げて、他の者たちと一緒に遠吠えしました。
Quando l'ululato cessò, Buck uscì dal suo riparo roccioso.
遠吠えが止むと、バックは岩陰から出てきました。
Il branco si strinse attorno a lui, annusando con gentilezza e cautela.
群れは優しくも警戒しながらも彼を取り囲んだ。
Allora i capi lanciarono un grido e si precipitarono nella foresta.
するとリーダーたちは叫び声をあげて森の中へ駆け出して行きました。
Gli altri lupi li seguirono, guaendo in coro, selvaggi e veloci nella notte.
他のオオカミたちもそれに続き、夜に激しく速く合唱して吠えた。
Buck corse con loro, accanto al suo selvaggio fratello, ululando mentre correva.
バックは野生児の兄弟の横で彼らと一緒に走り、走りながら吠えた。

Qui la storia di Buck giunge al termine.
ここで、バックの物語はうまく終わりを迎えます。
Negli anni a seguire, gli Yeehats notarono degli strani lupi.
その後の数年間、イーハット家は奇妙なオオカミの存在に気づいた。
Alcuni avevano la testa e il muso marroni e il petto bianco.
中には頭と鼻先が茶色で、胸が白いものもいた。
Ma ancora di più temevano la presenza di una figura spettrale tra i lupi.
しかし、彼らはさらに、オオカミの中に幽霊のような人物がいることを恐れていた。
Parlavano a bassa voce del Cane Fantasma, il capo del branco.
彼らは群れのリーダーであるゴーストドッグについてささやきながら話した。

Questo Ghost Dog era più astuto del più audace cacciatore di Yeehat.
このゴースト ドッグは、最も大胆な Yeehat ハンターよりも狡猾でした。
Il cane fantasma rubava dagli accampamenti nel cuore dell'inverno e faceva a pezzi le loro trappole.
幽霊犬は真冬にキャンプから盗みを働き、罠を破壊した。
Il cane fantasma uccise i loro cani e sfuggì alle loro frecce senza lasciare traccia.
幽霊犬は彼らの犬を殺し、跡形もなく彼らの矢から逃れました。
Perfino i guerrieri più coraggiosi avevano paura di affrontare questo spirito selvaggio.
最も勇敢な戦士たちでさえ、この荒々しい霊に立ち向かうことを恐れた。
No, la storia diventa ancora più oscura con il passare degli anni trascorsi nella natura selvaggia.
いいえ、荒野で年月が経つにつれ、物語はさらに暗くなっていきます。
Alcuni cacciatori scompaiono e non fanno più ritorno ai loro accampamenti lontani.
ハンターの中には姿を消し、遠くのキャンプに二度と戻らない者もいる。
Altri vengono trovati con la gola squarciata, uccisi nella neve.
喉を引き裂かれ、雪の中で殺害された状態で発見される者もいる。
Intorno ai loro corpi ci sono delle impronte più grandi di quelle che un lupo potrebbe mai lasciare.
彼らの体の周りには、どんなオオカミでもつけられないほど大きな足跡があります。
Ogni autunno, gli Yeehats seguono le tracce dell'alce.
毎年秋になると、イーハット族はヘラジカの足跡をたどります。

Ma evitano una valle perché la paura è scolpita nel profondo del loro cuore.
しかし、彼らは心の奥底に恐怖を刻み込み、ある谷を避けている。
Si dice che la valle sia stata scelta dallo Spirito Maligno come sua dimora.
この谷は悪霊の住処として選ばれたと言われています。
E quando la storia viene raccontata, alcune donne piangono accanto al fuoco.
そして、その物語が語られると、何人かの女性は火のそばで泣きます。
Ma d'estate, c'è un visitatore che giunge in quella valle sacra e silenziosa.
しかし夏になると、その静かで神聖な谷に一人の訪問者がやって来ます。
Gli Yeehats non lo conoscono e non potrebbero capirlo.
イェハット族は彼のことを知らず、理解することもできなかった。
Il lupo è un animale grandioso, ricoperto di gloria, come nessun altro della sua specie.
オオカミは、同種の他のどの動物とも違って、栄光に覆われた偉大な存在です。
Lui solo attraversa il bosco verde ed entra nella radura della foresta.
彼は一人で緑の木々の間を渡り、森の空き地へと入っていった。
Lì, la polvere dorata contenuta nei sacchi di pelle d'alce si infiltra nel terreno.
そこでは、ヘラジカの皮の袋から出た金色の粉が土に染み込んでいます。
L'erba e le foglie vecchie hanno nascosto il giallo del sole.
草や古い葉が太陽からの黄色を隠しています。
Qui il lupo resta in silenzio, pensando e ricordando.
ここで、オオカミは静かに立ち、考え、思い出しています。

Urla una volta sola, a lungo e lugubremente, prima di girarsi e andarsene.
彼は立ち去る前に、一度長く悲しげな遠吠えをしました。

Ma non è sempre solo nella terra del freddo e della neve.
しかし、寒さと雪の国では彼はいつも一人ぼっちというわけではない。

Quando le lunghe notti invernali scendono sulle valli più basse.
長い冬の夜が谷底に降り注ぐとき。

Quando i lupi seguono la selvaggina attraverso il chiaro di luna e il gelo.
オオカミが月明かりと霜の中、獲物を追うとき。

Poi corre in testa al gruppo, saltando in alto e in modo selvaggio.
それから彼は群れの先頭に立ち、高く激しくジャンプしながら走ります。

La sua figura svetta sulle altre, la sua gola risuona di canto.
彼の姿は他の者たちよりも高くそびえ立ち、喉には歌声が響いている。

È il canto del mondo più giovane, la voce del branco.
それは若い世界の歌であり、群れの声です。

Canta mentre corre: forte, libero e per sempre selvaggio.
彼は走りながら歌う。力強く、自由に、そして永遠に野性的。

www.ingramcontent.com/pod-product-compliance
Lightning Source LLC
Chambersburg PA
CBHW010029040426
42333CB00048B/2760